外研社·新HSK课堂系列
New HSK Class Series

U0643738

新 HSK

4 级通关

◎ 主 编／骆 琳
◎ 副主编／牛长伟 钱玉琼

模拟
model
tests

攻略
strategies

解析
analyses

外语教学与研究出版社
北京

图书在版编目 (CIP) 数据

新 HSK 四级通关：攻略·模拟·解析 / 骆琳主编. — 北京：外语教学与研究出版社，2014.12（2020.4 重印）

（外研社·新 HSK 课堂系列）

ISBN 978-7-5135-5371-1

Ⅰ. ①新… Ⅱ. ①骆… Ⅲ. ①汉语－对外汉语教学－水平考试－自学参考资料 Ⅳ. ①H195.4

中国版本图书馆 CIP 数据核字 (2014) 第 292051 号

出 版 人　徐建忠
责任编辑　李彩霞　　向凤菲
封面设计　姚　军
出版发行　外语教学与研究出版社
社　　址　北京市西三环北路 19 号（100089）
网　　址　http://www.fltrp.com
印　　刷　北京虎彩文化传播有限公司
开　　本　787×1092　1/16
印　　张　15.5
版　　次　2014 年 12 月第 1 版 2020 年 4 月第 2 次印刷
书　　号　ISBN 978-7-5135-5371-1
定　　价　58.00 元（含 MP3 光盘一张）

购书咨询：（010）88819926　电子邮箱：club@fltrp.com
外研书店：https://waiyants.tmall.com
凡印刷、装订质量问题，请联系我社印制部
联系电话：（010）61207896　电子邮箱：zhijian@fltrp.com
凡侵权、盗版书籍线索，请联系我社法律事务部
举报电话：（010）88817519　电子邮箱：banquan@fltrp.com
物料号：253710001

记载人类文明
沟通世界文化
www.fltrp.com

出版说明

　　中国汉语水平考试（HSK）是为测试母语非汉语者（包括外国人、华侨和中国少数民族考生）的汉语水平而设立的国家级标准化考试。由中国国家汉办主办的汉语水平考试，从 2009 年起改版，以新的形式全面取代了原有的汉语水平考试，现在称之为新汉语水平考试（以下简称新 HSK）。新 HSK 吸收了原有 HSK 的优点，保留了原有 HSK 的部分题型，同时也设置了许多新的题型，这使面临考试的许多考生产生了紧张心理，甚至有些教师也对如何转变教学感到十分困惑。

　　针对这种情况，外语教学与研究出版社隆重推出了"外研社·新 HSK 课堂系列"，旨在帮助考生熟悉新 HSK 的考试形式、应试策略和应试技巧，培养考生在真实考试情境下的应对能力，进而真正提高考生的汉语语言能力。该系列教材和试题由具有多年 HSK 教学经验的资深教师编写而成。全套丛书既适用于课堂教学，又适用于自学备考，尤其适用于考前冲刺。

本系列包含如下产品：

- "21 天征服新 HSK 教程"系列
- "新 HSK 专项突破"系列
- "新 HSK 词汇"系列
- "新汉语水平考试 HSK 全真模拟试卷"系列
- "新 HSK 通关"系列

本系列图书的主要特点：

全新的 HSK 训练材料

● 详细介绍新 HSK 考试，全面收录考试题型，提供科学系统的应试方案和解题技巧。

● 根据新 IISK 大纲，提供大量典型例题、专项强化训练和模拟试题。

● 对新 HSK 全部考点的逐步讲解和技巧分析可帮助考生轻松获得高分。

● 所有练习均为模拟训练模式，让考生身临其境，提前备战。

全面、翔实的备考指导

● 再现真实课堂情境，帮助考生计划时间，针对考试中出现的重点和难点提供详细指导，逐步消除考生的紧张心理。

● 将汉语技能融合到考点中讲授，全面锻炼考生的汉语思维，有效提高考生在新 HSK 中的应试能力。

● 提供多套完整的模拟试题和答案解析，供考生在学习完之后，根据自身情况进行定时和非定时测验。

● 试题训练和实境测试紧密结合，图书与录音光盘形成互动。所有听力试题在光盘中均有相应内容，提供的测试时间与真实考试完全一致，考生能及时了解自身水平。

我们希望外研社的这套"新 HSK 课堂系列"能够为考生铺就一条新 HSK 的成功之路，同时为教师解除教学疑惑，共同迎接美好的未来。

目 录

编写说明

中国汉语水平考试（以下简称 HSK）是由中国国家汉办主办、为测试母语非汉语者（包括外国人、华侨和中国少数民族考生）的汉语水平而设立的国家级标准化考试。自 2009 年改版以来，遵循"考教结合"的原则，在吸收原有 HSK 的优点、保留原有 HSK 部分题型的同时，借鉴了近年来国际语言测试研究最新成果，在考试形式、考试内容和考试功效等方面都有了较大的变化。这些变化适应了汉语国际推广新形势下的实际需求，有利于考试规模的扩大，有利于汉语在海外的推广，有利于"汉语热"的持续升温，并使新 HSK 成为目前最权威的汉语水平考试。但是对于备考考生和指导教师而言，新的变化会让他们感到困惑，甚至无所适从。针对这一情况，本书在比较分析新 HSK 与原 HSK，尤其是新 HSK（四级）与原 HSK（初、中等）的结构特点的基础上，结合新 HSK 的特点，总结出了新 HSK（四级）的出题思路、常见考点及答题攻略，并结合典型例题的分析提供大量的实战操练题目及 3 套模拟试题，最后附上答案详解，旨在帮助考生熟悉新 HSK（四级）的考试形式、出题思路，掌握答题攻略和应试技巧。

一、新 HSK 的特点

与原 HSK 相比，新 HSK 具有以下特点：

第一，不同等级使用不同的试卷，考试针对性增强、覆盖面扩大。在原 HSK 中，汉语水平不同的考生使用同一份试卷，会给低水平考生带来畏惧感和挫败感。新 HSK 设置了 6 个等级，考生可以根据自身汉语水平的高低选择参加不同等级的考试，这样各个水平的考生都可能在考试中取得较好的成绩，有助于他们获得一定的成就感，从而增强学习的动力。

　　第二，试卷的题型设置更加合理，增加了书写题型，考查考生的汉语输出能力和汉字书写能力。原 HSK 共 170 道题，分四部分：听力、阅读、语法、综合。新 HSK 一级、二级共 60 道题，分听力与阅读两部分；三级共 80 道题，分听力、阅读、书写三部分；四级、五级共 100 道题，分听力、阅读、书写三部分；六级共 101 道题，分听力、阅读、书写三部分。笔试部分，增加了书写题型，这更符合汉语的语言特点，因为汉字是汉语学习的重要内容之一。书写题型的设置，为考生学习汉语提供了一个指向标，促使考生在学习中注重汉字的书写。

　　第三，注重考查考生的听说能力，听力题题量增加了，同时设置了与笔试分离的口试。原 HSK 共 170 道题，其中听力题 50 道，约占总题量的 29.4%。新 HSK 听力题量与总题量的百分比见下表：

等级		六级	五级	四级	三级	二级	一级
听力题量 ／ 总题量		50	45	45	40	35	35
六级	101	–	–	–	–	–	–
五级	100	–	–	–	–	–	–
四级	100	–	–	–	–	–	–
三级	80	–	–	–	–	–	–
二级	60	–	–	–	–	–	–
一级	60	–	–	–	–	–	–
百分比		49.5%	45%	45%	50%	58.3%	58.3%

　　从上表可以看出，听力题在新 HSK 一级、二级、三级考试中占的比例

较大，在四级、五级中有所降低，在六级考试中约占一半。总体来说，听力题所占的比例有明显增加。

重视听说能力，即重视语言的交际能力。听力考试是先听再回答问题，即先获得输入再要求考生输出，口语考试更是如此。口语考试的独立设置弥补了原 HSK 单纯笔试的不足，真正做到了对听、说、读、写四项基本语言技能的全面考查。

第四，试卷中使用了拼音和图片等辅助理解的元素，促进了考生对题目的理解。一级、二级考试试题标注拼音，降低了汉字的认读难度，有助于提高考生的解题效率。此外，与稍显沉闷的原 HSK 试卷相比，增加了图片的新 HSK 试卷也倍受考生欢迎。

第五，每一等级都有对应的词汇等级大纲，每级词汇量递增，使考试具有一定的系统性且有章可循。《新 HSK 词汇等级大纲》《新 HSK 考试真题集》等考试资料的出版，让考生能够有效地将考试与学习材料结合起来，达到了以考促学的目的。而且相对于原 HSK 的试卷绝密性，新 HSK 更具亲和力。

第六，考试内容发生了一定变化。新 HSK 考试大纲中只有一级、二级、三级有语法等级要求，四级、五级、六级则只有词汇等级要求。

二、新 HSK（四级）与原 HSK（初、中等）对比分析

通过对比国家汉办官方网站上提供的五套新 HSK 四级真题与北京语言大学出版社出版的六套原 HSK（初、中等）仿真试题，我们总结出了新 HSK（四级）试卷听力、阅读、书写三部分的特点。

（一）新 HSK（四级）听力部分的特点

1.题型与时间比较

等级	组成部分	题型	对应的题目	朗读时间	停顿时间
新HSK（四级）	第一部分	判断对错：听一段话，判断试卷上的句子与所听到的内容是否一致。	第1题—第10题	18秒左右	10秒左右
原HSK（初、中等）		根据录音回答问题：听一段话，回答问题。	第1题—第15题	8—14秒	17秒左右
新HSK（四级）	第二部分	听短对话回答问题：一男一女两句对话。	第11题—第25题	17秒左右	16秒
原HSK（初、中等）		听短对话回答问题：一男一女两句对话。	第16题—第35题	8—20秒	17秒左右
新HSK（四级）	第三部分	听长对话回答问题：一男一女对话，一般是四句或五句。听短文回答问题：五段短文，每段短文回答两个问题。每篇短文字数在70—110个之间。	第26题—第35题	23秒左右	16秒
			第36题—第45题	25—35秒	
原HSK（初、中等）		长对话：一段长对话，最少的6句，最多的可达15句。对话后一般有2—6个问题。短文题：4—6篇短文，短文字数一般350个，长的可能达到500个。短文后一般有2—6个问题。	第36题—第50题	2—3分钟	21秒左右

总题量与总时间	总题量	百分比	总时间（分钟）	百分比
新HSK（四级）	45	（45/100）45%	30	（30/100）30%
原HSK（初、中等）	50	（50/170）29.4%	30	（30/140）21.4%

根据上表可知：

相比于原 HSK（初、中等）听力部分，新 HSK（四级）听力部分在题目数量和内容上有所改变，第一部分改为判断对错题，去掉了根据句子回答问题这一题型，题量由原来的 15 个减少到 10 个。

第二部分还是短对话题，由一男一女的两句话组成。题量由原来的 20 个减少到 15 个。

第三部分题量由原 HSK（初、中等）的 15 个增加到 20 个，由长对话题与短文题组成。长对话长度比较固定，一般是四句或五句，而原 HSK 的长对话，句子数量参差不齐，有的长达 15 句。短文数量也在五篇以内，每篇短文后设置两个问题，而原 HSK（初、中等）短文听力题，短文篇数不固定，每篇短文后设置的问题个数也不统一。

另外，根据听力题量占考试总题量、听力时间占考试总时间的百分比可知，新 HSK（四级）听力题量比原 HSK（初、中等）听力题量增加了15.6%，而时间却只增加了 8.6%。因此，相对来说，新 HSK（四级）听力部分虽然难度降低了，但是内容却略有增加。

2. 内容比较

第一，新 HSK（四级）听力更重视词汇的考查。新 HSK（四级）听力考查的重点在于词汇，考生如果熟练地掌握了大纲里的 1200 个词汇并具备一定的答题攻略，顺利通过四级便不会太难。原 HSK（初、中等）听力不仅需要考生达到一定的词汇量，而且需要掌握足够的语法知识，两者结合，才能顺利通过考试。

第二，新 HSK（四级）听力更重视交际用语的考查。新 HSK（四级）主要考查考生对日常交际用语的掌握情况与理解程度，希望通过考试刺激考生提高自己的交际能力与交际策略。原 HSK（初、中等）听力考查的范围十分广泛，如反问句、"把"字句、"被"字句、比较句等特殊句式，关联词语、习惯用语、熟语、成语的考查也很多。

第三，新HSK（四级）听力更注重考查考生对重要信息的提取、筛选与获得的能力。原HSK（初、中等）听力则需要考生进行大量的总结、推理、分析、演绎等思维活动，给考生增加了很多思维上的负担。

（二）新HSK（四级）阅读部分的特点

1. 题型与时间比较

原HSK（初、中等）听力之后为三个部分：语法结构、阅读理解、综合填空。而新HSK（四级）的第二大部分为阅读，下设三种题型。具体对比如下：

原 HSK（初、中等）三大部分				
题型	题型分类	题量（个）	时间（分钟）	时间／题
语法结构	1. 判断词语放在句中哪个位置恰当	10	20	每题40秒
	2. 给句子空缺处选择恰当的词语	20		
阅读理解	1. 选择与句子画线部分词语最接近的解释	20	60	每题72秒
	2. 根据短文选择恰当答案	30		
综合填空	1. 给每段文字中的空格选择恰当词语	24	30	每题45秒
	2. 给每段文字中的空格填写恰当汉字	16		

新 HSK（四级）阅读部分				
题型	题型分类	题量（个）	时间（分钟）	时间／题
选词填空	1. 在句子空缺处填空	5	40	每题60秒
	2. 在对话空缺处填空	5		
排列顺序	给3个乱序的句子排序	10		
短文阅读	阅读短文，选择正确答案	20		

从以上两表的对比中，我们可以看出，新HSK（四级）阅读部分更加系统化，分别考查了考生对词语含义、语篇连贯性的掌握情况及考生的综合

阅读能力。在题量和时间方面也作了相应的调整，题量从原来的 120 题缩减到 40 题，时间从原来的 110 分钟缩减到 40 分钟。

2. 内容比较

第一，新 HSK（四级）阅读主要考查词语的词汇义，而不再考查词义辨析，体现在新增的"选词填空"这一题型上。

第二，新 HSK（四级）阅读更加注重对语篇连贯性的把握及对短文的整体理解的考查。与原 HSK（初、中等）相比，新增的"排列顺序"主要考查考生对关联词、时间词的掌握及语篇组织的能力。保留的短文阅读部分，强调对全文及部分段落的整体把握。

（三）新 HSK（四级）书写部分的特点

1. 题型与时间介绍

新 HSK（四级）新增了书写部分。原 HSK（初、中等）虽然也有书写的题型（综合练习的第二部分），但只是单个汉字或词语的书写，不能全面体现考生的书写能力。而新 HSK（四级）新增的书写部分不仅能考查考生的汉字书写能力，还能考查考生对汉语语法知识的掌握情况。具体题型如下表所示：

新 HSK（四级）书写部分			
题型	题量（个）	时间（分钟）	时间／题
连词成句	10	25	每题 100 秒
看图造句	5		

新增的书写部分共 15 题，考虑到考生写字速度的因素，规定用时 25 分钟，平均每题用时 100 秒。考生要注意在保证汉字书写正确的前提下，提高书写速度。

2. 内容介绍

新 HSK（四级）书写主要考查考生对汉语基本语序、特殊句式的掌握情况和造句的能力。"完成句子"部分强调了对汉语基本语序及特殊句式的考查；"看图造句"部分则考查考生运用所给词语进行造句的能力和对图片的描述能力。

三、本书结构

本书主要由以下几个部分组成：

第一部分：新 HSK（四级）考试说明。

主要介绍了新 HSK（四级）的考试时间及内容、报名方法、准考证的获取、成绩查询、成绩报告构成及考试注意事项等，对考生准备考试具有很大的指导作用。

第二部分：新 HSK（四级）出题思路及答题攻略。

该部分共分三章。第一章是听力考试题型介绍及考点与攻略；第二章是阅读考试题型介绍及考点与攻略；第三章是书写考试题型介绍及考点与攻略。

每一章都归纳了该部分每一种题型的考点及答题攻略。介绍考点时，所举例子都源自国家汉办官网上的五套真题。在答题攻略之后，均提供了4—7个实战操练题目，考生可以运用掌握的答题攻略进行操练。

第三部分是三套新 HSK（四级）模拟试题及答案详解。

三套模拟试题涵盖了新 HSK（四级）词汇大纲中除新 HSK（三级）600个词汇以外的全部 600 个词汇。

答案详解部分对每一道题的考点及可用答题攻略进行了详细分析，旨在使考生能在掌握一道题的基础上全面掌握同类题的基本解题方法。

使用建议及试用反馈

为帮助参加新 HSK（四级）考试的学生备考，我们安排了为期 9 周，每周 6 课时的考前培训，也借此机会对《新 HSK 四级通关：攻略·模拟·解析》（以下简称《通关》）进行了试用。教学时间、教材使用的具体安排如下：

	课时	内容
第一周	1—2 课时	介绍新 HSK（四级）考试题型及考试时间，说明参加考试的具体相关事项：报名、交费、准考证、考试需要携带的用具、成绩查询等。
	3—4 课时	摸底考试。为了解学生的汉语水平，我们利用第 1 周的 3—4 课时进行了摸底考试，摸底考试的成绩将用于《通关》试用后的教学反馈中的对比。摸底时使用的试卷来自汉办官方网站新 HSK（四级）大纲样卷。
	5—6 课时	讲解摸底考试试卷。
第二周	1—2 课时	根据《通关》的编写特点对新 HSK（四级）词汇大纲中的重点词汇进行讲解。参加新 HSK（四级）考试的考生汉语水平已基本达到新 HSK（三级）水平，对新 HSK（三级）词汇大纲中的 600 个词已熟练掌握。新 HSK（四级）重点考查除三级词汇以外的另外 600 个词。
	3—4 课时	介绍听力第一部分判断对错题，讲解考点及攻略，最后进行实战操练。布置课后作业：做《新汉语水平考试 HSK（四级）全真模拟试卷》三套模拟试题中的听力第一部分。
	5—6 课时	检查作业并讲解答案。使用《通关》第一套、第二套模拟试卷中的听力第一部分做课堂练习。
第三周	1—2 课时	介绍听力第二部分短对话题，讲解考点及攻略，最后进行实战操练。布置课后作业：做《新汉语水平考试 HSK（四级）全真模拟试卷》三套模拟试题中的听力第二部分。
	3—4 课时	检查作业并讲解答案。使用《通关》第一套、第二套模拟试卷中的听力第二部分做课堂练习。
	5—6 课时	介绍听力第三部分长对话题与短文题，讲解考点及攻略，最后进行实战操练。布置课后作业：做《新汉语水平考试 HSK（四级）全真模拟试卷》三套模拟试题中的听力第三部分。

续前表

	课时	内容
第四周	1—2 课时	检查作业并讲解答案。使用《通关》第一套、第二套模拟试卷中的听力第三部分做课堂练习。
	3—4 课时	介绍阅读第一部分选词填空题，讲解考点及攻略，最后进行实战操练。布置课后作业：做《新汉语水平考试 HSK（四级）全真模拟试卷》三套模拟试题中的阅读第一部分。
	5—6 课时	检查作业并讲解答案。使用《通关》第一套、第二套模拟试卷中的阅读第一部分做课堂练习。
第五周	1—2 课时	介绍阅读第二部分排列顺序题，讲解考点及攻略，最后进行实战操练。布置课后作业：做《新汉语水平考试 HSK（四级）全真模拟试卷》三套模拟试题中的阅读第二部分。
	3—4 课时	检查作业并讲解答案。使用《通关》第一套、第二套模拟试卷中的阅读第二部分做课堂练习。
	5—6 课时	介绍阅读第三部分短文阅读题，讲解考点及攻略，最后进行实战操练。布置课后作业：做《新汉语水平考试 HSK（四级）全真模拟试卷》三套模拟试题中的阅读第三部分。
第六周	1—2 课时	检查作业并讲解答案。使用《通关》第一套、第二套模拟试卷中的阅读第三部分做课堂练习。
	3—4 课时	介绍书写第一部分完成句子题，讲解考点及攻略，最后进行实战操练。布置课后作业：做《新汉语水平考试 HSK（四级）全真模拟试卷》三套模拟试题中的书写第一部分。
	5—6 课时	检查作业并讲解答案。使用《通关》第一套、第二套模拟试卷中的书写第一部分做课堂练习。
第七周	1—2 课时	介绍书写第二部分看图造句题，讲解考点及攻略，最后进行实战操练。布置课后作业：做《新汉语水平考试 HSK（四级）全真模拟试卷》三套模拟试题中的书写第二部分。
	3—4 课时	检查作业并讲解答案。使用《通关》第一套、第二套模拟试卷中的书写第二部分做课堂练习。
	5—6 课时	使用《通关》第三套模拟试卷进行听力部分模拟考试。考试时间30分钟，填写答题卡5分钟，并随堂讲解。

	课时	内容
第八周	1—2 课时	使用《通关》第三套模拟试卷进行阅读部分模拟考试。考试时间35分钟，并随堂讲解。
	3—4 课时	使用《通关》第三套模拟试卷进行书写部分模拟考试。考试时间25分钟，并随堂讲解。讲解完毕，向学生展示答题卡，重申考试的各个环节，为下节课的真题考试作准备。
	5—6 课时	使用汉办官网上公布的新 HSK（四级）真题 1 进行考试。
第九周	1—2 课时	讲解第八周考试的真题试卷，对学生出现的各种问题进行全面总结，提醒学生克服因粗心大意而导致的错误，如答题卡涂写顺序错误等。
	3—4 课时	使用汉办官网上公布的新 HSK（四级）真题 2 进行考试。
	5—6 课时	讲解第 3—4 课时考试的真题试卷。

　　第一周第 3—4 课时，我们对参加培训的学生进行了摸底考试。考试结果显示学生出错最多的是听力部分，尤其是听力部分的第一部分，这一部分有 10 个判断对错题，最多的错了 7 个；阅读第一部分每题的错误率分布比较均匀，第三部分的整体错误率很高；书写第一部分，学生一般能够根据给出的词语写出比较正确的句子；而书写第二部分，学生还需要提高读取图片信息的能力。

　　据统计，大部分学生认为阅读第三部分题量太大，而时间太少，来不及将短文读完，有的学生最后甚至因为没有时间，只好随便涂写答案。讲解试卷时，教师要求学生再重做一次阅读第三部分，这时学生反映，短文词汇并不难，如果时间足够，他们可以将问题回答正确。因此，考生如果掌握了大纲词汇，并在一定的攻略指导下提高阅读速度，应该就能顺利通过考试。

　　经过第一周到第八周的培训，我们利用第八周的第 5—6 课时、第九周的第 3—4 课时对学生进行了真题测试。

　　据一部分学生反映，第八周考试因为是第一次使用答题卡，他们在使用答题卡的过程中出现了一些错误，如将选项涂写错误，将题目顺序与答题卡顺序对应错误等。我们与考生一起总结了这些错误，并在第九周进行了第二次真题测试。

考试结果表明，学生掌握新 HSK（四级）大纲 1200 个词汇后，在具有战略性意义的考试辅导书的指导下，通过一定量的强化训练，能够在短短 9 周内取得很大的提高。第一周的摸底考试学生平均得分是 145.12 分，其中最高分 165 分，最低分 125 分。第九周的真题考试学生平均得分是 242.75 分，其中最高分 270 分，最低分 214 分，学生的考分提高率最低的达到 50.6%，最高的达到 99.2%，平均达到了 69.6%。

《新 HSK 四级通关：攻略·模拟·解析》的试用反馈说明，该书具有很大的使用价值，对学生顺利通过新 HSK（四级）考试具有很大的指导和帮助作用，值得我们推广与使用。

新汉语水平考试 HSK（四级）说明 *

　　2009 年中国国家汉办推出了一项全新的国际汉语能力标准化考试，与以前的汉语水平考试相区别，这就是新汉语水平考试（简称新 HSK）。

　　新 HSK 是中国国家汉办组织中外汉语教学、语言学、心理学和教育测量学等领域的专家，充分调查、了解海外汉语教学实际情况，考察普通汉语学习者和专业汉语学习者、来华汉语学习者和非来华汉语学习者的差异，在吸收原 HSK 的优点，借鉴近年来国际语言测试研究最新成果的基础上，以《国际汉语能力标准》为依据，推出的一项国际汉语能力标准化考试。

　　新 HSK 遵循"考教结合"的原则，目的是"以考促教""以考促学"，它不仅关注评价的客观性、准确性，而且采用鼓励考生的策略，重视考试对提高和发展考生的汉语能力的意义。因此，相对于原 HSK，新 HSK 在形式、内容和功效等方面都有了较大的变化。

　　新 HSK 笔试共分为六级，其中新 HSK（四级）的地位十分特殊。中国国家教育部 2010 年 6 月 28 日发布公告，规定：新 HSK（四级）的及格线（即 180 分）可作为中国各大高校中国政府奖学金理学、工学、医学（不包括中医药专业）、农学、经济学、管理学、法学、教育学等学科专业的预科学生在完成一学年汉语学习后所应达到的汉语水平的一个重要标准；另外，各大高校可以新 HSK（四级）成绩为参照，自行决定自费学生所需要达到的汉语水平。因此，可以说，新 HSK（四级）已经成为考查留学生汉语水平的一个重要工具，新 HSK 成绩达标是留学生进入中国高校进行专业学习的一个必不可少的条件。

---

　　* 援引自汉语考试服务网www.chinesetest.cn及国家汉办/孔子学院总部编制的《新汉语水平考试大纲HSK四级》，商务印书馆，2010年，北京。

一．新 HSK（四级）考试时间及内容

新 HSK（四级）主要面向掌握了 1200 个常用词语或按每周 2—4 课时进度学习汉语四个学期（两学年）的考生。考试由听力、阅读和书写三部分组成，其中听力部分每题只听一遍。包括考生填写个人信息的 5 分钟时间，整个考试时间约 105 分钟。

新 HSK（四级）考试内容如下：

考试内容		试题数量（个）		考试时间（分钟）
一、听力	第一部分	10	45	约 30
	第二部分	15		
	第三部分	20		
填写答题卡				5
二、阅读	第一部分	10	40	40
	第二部分	10		
	第三部分	20		
三、书写	第一部分	10	15	25
	第二部分	5		
共计	／	100		约 100

新 HSK（四级）听力第一部分 10 题，要求考生根据听到的一段话（一般 1—2 句），判断试卷上相应句子的对错。第二部分 15 题，听一男一女的短对话（2 句），对话后提出问题，考生根据所听内容从 ABCD 四个选项中选出正确答案。第三部分 20 题，其中 10 道长对话题（4 句或 5 句），对话后提出问题，考生根据所听内容从 ABCD 四个选项中选出正确答案；再听 5 篇小短文，每篇短文后有两个问题，考生根据所听内容从 ABCD 四个选项中选

出正确答案。

新 HSK（四级）阅读第一部分选词填空共 10 题，每题给出一个带有一个空格的句子或对话，要求考生根据所给句子或对话的意思，从所提供的词语中选择正确的词语填空。第二部分排列顺序共 10 题，每题给出 ABC 三个句子，要求考生将这三个句子按正确顺序排列。第三部分短文阅读共 20 题，提供若干段文字，每段文字后有一到两个问题，要求考生根据文字内容从 ABCD 四个选项中选出正确答案。

新 HSK（四级）书写第一部分完成句子共 10 题，每题给出几个词或短语，要求考生按照一定的顺序将这些词或短语排列成一个正确的句子。第二部分看图造句共 5 题，每题提供一张图片和一个词语，要求考生结合图片，用所给词语写一个句子。

二、新 HSK（四级）报名方法

新 HSK（四级）报名途径有两种：一种是网上报名，一种是现场报名。

（一）新 HSK（四级）网上报名

考生可以登录汉办的官方网站 http://www.chinesetest.cn 进行网上报名。在网站上，考生需选择考试地点、考试日期，并填写个人信息，在确认信息完全正确后选择提交。交纳考试费用后，网上报名成功。需要注意的是，网上报名考生提供的电子照片必须为 JPG/JPEG 格式，大小为 100KB 以下。

（二）新 HSK（四级）现场报名

除了网上报名，考生还可以选择到汉语水平考试（HSK）授权考点进行现场报名和交费。现场报名考生需要携带护照复印件、2 张大小为 40mm×30mm（标准两寸）的纸质照片（照片背面必须写上姓名）以及报名费用。

纸质照片要求：①近期免冠（不能戴帽子、头巾等）白色背景照片（黑白、彩色照片均可）2 张；②显示考生正面，确保考生面部清晰；③显示考生头部和肩的上部。

（三）准考证的获得

考生报名成功后，大概在考试日期前 15 天，可以收到报名确认信息并获得准考证。网上报名的考生可以登录 http://www.chinesetest.cn 自己打印准考证，现场报名的考生可以到报名的考点领取准考证。

准考证是考生进入考场的凭证，因此非常重要。准考证上的信息包括考生的姓名、国籍、性别、证件类型和号码、考试科目、考试时间、考点名称、考试地点及考场须知等。

考试完后，考生一定要妥善保管好准考证，准考证是日后查询成绩的依据。

三、新 HSK（四级）成绩

（一）新 HSK（四级）成绩查询

考生在参加考试后大约一个月（通常是考试后 30 天）可以查询成绩。考生登录 http://www.chinesetest.cn/goquery.do，在准考证号的对应框中输入完整的准考证号码，在姓名的对应框中输入姓名，然后输入验证码，点击查询，就能查到考试成绩。

（二）新 HSK（四级）成绩构成

新 HSK（四级）成绩组成与合格线：

HSK 等级	组成部分	满分	合格线（总分）
HSK(四级)	听力	100	180
	阅读	100	
	书写	100	
	总分	300	

新 HSK（四级）不提供证书，只提供成绩报告单。新 HSK（四级）成绩长期有效，但作为外国留学生进入中国各高等院校学习的汉语能力证明，

有效期只有两年，从考试当日算起。

（三）HSK（四级）成绩报告

HSK（四级）成绩报告一共提供四个分数：

	满分	你的分数
听力	100	
阅读	100	
书写	100	
总分	300	

总分 180 分为合格线，即通过考试。

四、新 HSK（四级）考试注意事项

（一）准考证

准考证是考生参加新 HSK（四级）考试必须携带的证件。考生报名成功后，在考试前 15 天内将收到报名确认信息，然后可以通过网上自行打印或者到所报名的考点领取两种方式获得准考证。

准考证上的信息可能会出现错误，考生在打印或领取准考证时，必须仔细核对自己的信息，看是否出现姓名、国籍、性别、证件类型和号码等信息的错误。如果出现不一致的地方，考生必须申请修改，否则将无法参加考试。

怎样修改准考证上的错误？考生没有权利自行修改，只有在考试当天，由主考官验证信息确实有误后，监督考生修改，并签字生效。

考试结束之后，考生应妥善保管好自己的准考证，准考证是网上查询成绩、领取成绩报告单以及日后需要补办成绩单等其他服务时的凭证。

（二）考试当天需要携带的物品

考生作好考试准备，需要携带的物品主要有：准考证、带照片的个人身份证（护照）、2B 铅笔两支（提前削好）、橡皮擦。

考生可以携带不发声的计时器，如手表等进入考场。

（三）考试当天禁止携带的物品

与考试无关的物品，如照相机、录音机、MP3、MP4、手机、手提电脑、词典、教材、笔记本等禁止带入考场，否则视为作弊。

（四）考试时间

考生一般需要提前 30 分钟进入考场，如考试开始时间是上午 9：00，那么考生需要在 8：30 进入考场，一定不要迟到。如果迟到不超过 5 分钟，可以立即进入考场。如果迟到超过 5 分钟，但是在 35 分钟之内的，可以等听力考试结束后进入考场，进行第二部分阅读与第三部分书写考试。听力部分

将不再补考，成绩将为 0 分。如果迟到超过 35 分钟，将不能参加考试。

（五）填写答题卡

新 HSK（四级）考试所有答案都不写在试卷上，而必须填写在答题卡上。考生一定要按正确的方式填写答题卡。

答题卡填写示例：

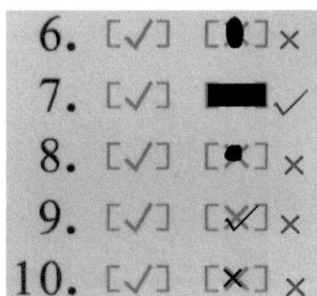

上图是新 HSK（四级）答题卡的一部分，图中示例第 6 题、第 8 题、第 9 题、第 10 题的填写方法都是错误的，只有第 7 题的填写方法是正确的。

考生填写答题卡时必须认真、仔细，不要将题目的顺序弄错，也不要忘记填写部分题的答案。在书写个人信息时，一定要确保自己的姓名书写正确。

考试结束后，考生离开考场时只能带走准考证、个人身份证件、铅笔、橡皮及计时器等个人考试用品，试卷及答题卡不能带出考场。

新汉语水平考试 HSK（四级）
出题思路及答题攻略 > > > >

第一章 听力

新 HSK（四级）听力共三部分。

第一部分要求考生根据听到的一段话（一般 1—2 句），判断试卷上相应句子的对错。

第二部分是短对话，即听一男一女的对话（2 句），对话后提出问题，考生根据所听内容从 ABCD 四个选项中选出正确答案。

第三部分一共 20 题，其中 10 道长对话题（一般 4—5 句），对话后提出问题，考生根据所听内容从 ABCD 四个选项中选出正确答案；再听 5 篇小短文，每篇短文后有两个问题，考生根据所听内容从 ABCD 四个选项中选出正确答案。

第一部分　判断对错

一、题型介绍

新 HSK（四级）听力第一部分共 10 题，每题听一次。录音中先说一段话，然后根据这段话说一个句子，要求考生判断句子的对错。这段话一般由 1—2 个长句组成。说话人每说一段话（加上读问题的时间）需要 19—24 秒，每两道题中间停顿 10 秒。

二、考点与攻略

（一）考点

考点 1　单句对话：面对面、打电话等对话内容的一部分

这是新 HSK（四级）听力第一部分最常见的形式，考生会听到说话人

在跟另一个人对话，只不过另一个人并没有出现，所以这个句子是一段对话的一部分，考生并不能听到完整的对话内容。其中，面对面或打电话的形式最为常见。

例 1

★ 今天天气不错。（　　　）　　　　　　　　　　　（真题 H41001 第 1 题）

【听力材料】

喂？我们去树林里走走吧，今天的阳光多好啊，很暖和。好吧？图书馆门口见？

【解题思路】

这段话是电话对话中的一部分，说话人在约自己的朋友一起去树林里走走，考生并不知道说话人约的是谁，也不需要知道，只要能抓住主要信息，判断问题中句子的对错就可以了。根据说话人所说的"阳光多好啊，很暖和"，可以判断例 1 的句子是对的。

例 2

★ 他想给老王一张演出票。（　　　）　　　　　　　（真题 H41001 第 8 题）

【听力材料】

老王，我今晚要加班，这张票浪费了就可惜了。你去看吧，听说这次演出邀请了许多著名的演员，很精彩的。

【解题思路】

很显然，说话人正在跟"老王"对话，但是"老王"并没有说话，所以考生只听到了对话中的一方所说的话。根据说话人说的"我今晚要加班，这张票浪费了就可惜了"，可知他是想把票给"老王"，让"老王"去看，所以例 2 的句子是对的。

考点 2　描述性文字

这类文字主要叙述事情发生的经过，描写新鲜事物或方法，或者介绍人物。

例 3

★ 女儿不同意打针。（　　　）　　　　　　（真题 H41001 第 10 题）

【听力材料】

女儿发烧了，我带她去医院。大夫给她打了一针，三岁的女儿尽管很害怕打针，却没有哭。

【解题思路】

例 3 的材料简单地叙述了女儿生病，"我"带她去看病的经过。这样的一段话一般会简单地介绍事情发生的时间、地点及人物。根据说话人说的女儿"尽管很害怕打针，却没有哭"，可知女儿虽然害怕，但还是同意打针的，所以例 3 的句子是错的。

例 4

★ 姐妹俩性格差不多。（　　　）　　　　　　（真题 H41001 第 7 题）

【听力材料】

虽然她俩是姐妹，性格却很不一样。姐姐非常安静，极少说话，妹妹正好相反，最喜欢和人聊天。

【解题思路】

例 4 的材料介绍了一对姐妹。因为录音时间很短，所以描述性文字也比较简短，对人物的介绍往往只介绍某一特点。材料中对比了两姐妹的性格，根据第一句"虽然她俩是姐妹，性格却很不一样"，就可以判断例 4 的句子是错的。

考点 3　表达观点、意见的文字

判断对错题只有两种答案：对或错。因此，表达观点、意见、想法的文字很适合这部分的题目，在这部分题目中的出现率也就很高。

例 5

★ 真正的爱情不需要浪漫。（　　　）　　　　　　（真题 H41002 第 6 题）

【听力材料】

怎么样才能找到适合自己的人？两个人共同生活，不仅需要浪漫的爱情，更需要性格上的互相吸引，最重要的是，两个人都要有对家的责任感。

【解题思路】

例 5 是典型的观点表达题，录音中说话人认为"两个人共同生活，不仅需要浪漫的爱情，更需要……"。如果考生了解使用关联词"不仅……更"的递进复句中两个分句都是表示肯定的，就可判断问题中的句子"真正的爱情不需要浪漫"与说话人的观点不符，因此是错的。

例 6

★ 应该总结过去的经验。（　　　）　　　　　　（真题 H41002 第 9 题）

【听力材料】

回忆过去，有苦也有甜，有伤心、难过也有幸福、愉快，有很多故事让人难以忘记，有很多经验值得我们总结。

【解题思路】

例 6 中说话人的观点是"回忆过去……有很多经验值得我们总结"，考生如果掌握了"值得"一词的意思，就可以判断出问题中的句子"应该总结过去的经验"与说话人的观点是相同的，不过换了一种形式，因此是对的。

（二）攻略

相对于后面的对话题、短文题，第一部分的判断对错题比较简单，考生只要掌握了新 HSK（四级）大纲中的 1200 个词汇，解答第一部分试题就不会太难。

做这部分判断对错题，可以注意以下答题攻略。

1. **预测法**。阅读试卷上的句子，预测录音内容。第一部分一共 10 题，且问题都比较简单。从播放录音开头的音乐到正式开始读第一题之间，约有 2 分 8 秒的时间。考生可以利用这段时间将每题的问题读一遍，并迅速对录音内容作出预测，这样可以大大提高解题效率。

2. **笔记标记法**。听录音，抓住主要信息并做好笔记。判断对错题与第二部分、第三部分的选择题不同，考生事先就已经知道问题是什么，所以只要抓住主要信息，将这些信息与问题中的句子进行比较，就能作出判断。那么，怎样才能迅速抓住主要信息呢？在抓信息做笔记时，应该注意以下几点。

（1）开头部分是关键。因为这一部分每道题的材料都很短，所以主要信息一般在每段话的开头部分就已经交代清楚。考生一旦听到与问题中的句子意思有关的内容就应立刻作出判断，其他部分不需要继续听，省下来的时间可用于读下一题题目。

例 7

★ 节日是文化的一部分。（   ）　　　　　　（真题 H41002 第 4 题）

例 8

★ 广告词应该简短。（   ）　　　　　　（真题 H41002 第 10 题）

【听力材料】

例 7 节日是文化的一部分，所以，如果想了解一个国家的文化，我们可以从了解这个国家的节日开始。

例 8 理想的广告词应该简短，一般六到十二个字比较合适，不应该太长，否则观众不易记住，也就流行不起来。

【解题思路】

　　例7、例8两个题目非常容易，考生只要听清楚录音的开头部分，就能迅速作出判断。例7一开始就说"节日是文化的一部分"，问题的句子与说话人说的没有任何差别，所以是对的。例8中问题的句子"广告词应该简短"虽然与说话人说的"理想的广告词应该简短"并不完全相同，但只是缺少了"理想的"这个修饰语，所以也是对的。

　　（2）重视动词前面的副词与动词后面的补语。动词前面的副词，尤其是否定副词"没""不"等往往是解题的关键。同样，动词后面的补语，如结果补语、可能补语等也是考生在听的时候需要特别注意的。

　　例9

　　★ 超市提供免费塑料袋。（　　　　） 　　　　　　　　（真题H41003第6题）

【听力材料】

　　因为塑料袋会给环境带来污染，所以现在超市不再免费提供塑料袋，有需要的顾客，可以向超市购买。

【解题思路】

　　解答例9的关键是动词"提供"前面的"不再"，考生在听录音时一定要认真，"不再"二字虽然简单，一旦漏听，就可能作出错误判断。问题中的句子"超市提供免费塑料袋"是错的。

　　（3）形容词很重要。遇到以形容词做修饰语或中心语的句子，考生一定要注意该形容词的近义词或反义词，很多时候听到句子中说的是"很好"，试卷上问题里出现的可能是"很坏"，再如说话人说"这个地方很安静"，考生读题时会发现问题里出现的却是"热闹"，所以有些形容词也是关键内容。

例 10

★ 海洋里的植物很少。（　　　）　　　　　　　　（真题 H41003 第 7 题）

例 11

★ 习惯很难改变。（　　　）　　　　　　　　　　（真题 H41003 第 10 题）

【听力材料】

例 10 和森林一样，在海洋里，也生长着很多种植物，它们与海洋里的动物，共同组成了一个美丽的海底世界。

例 11 习惯是不容易改变的，因此，在孩子小的时候，父母要帮他们养成好的生活、学习习惯。

【解题思路】

例 10 与例 11 的共同点是都在一段话的开头部分就出现了重要信息。考生需要注意问题中出现的形容词，例 10 的问题中出现的"植物很少"与听力材料中出现的"在海洋里，也生长着很多种植物"意义相反，是错的。而例 11 中，问题中的"很难"与材料中的"不容易"意义相近，是对的。

（4）注意问题中的时间、地点、人物与材料中说的是否相同。人物关系、人物职业、事情发生的时间及地点是新 HSK（四级）听力经常考的内容。

例 12

★ 会议室在二层。（　　　）　　　　　　　　　　（真题 H41003 第 4 题）

例 13

★ 参观时间是一小时。（　　　）　　　　　　　　（真题 H41003 第 5 题）

【听力材料】

例 12 您是要去会议室吗？那不用上楼，会议室就在一层。您往前走，就在电梯左边。

例 13 现在是九点半，请大家注意：一小时后我们还在这个入口集合，参观过程中请大家注意安全。

【解题思路】

　　例12与例13一个是地点题，一个是时间题，都考查细节，不仅需要考生集中注意力，而且需要一定的反应能力。例12的材料中说，要去会议室，"不用上楼"是一个信息，紧接着又补充了一个明显的信息，"会议室就在一层"，考生如果熟悉量词"层"，很快就能作出判断，例12的问题中的句子是错的。例13的材料开头部分出现了一个时间"九点半"，这只是一个时间点，与问题无关。考生需要注意的是"一小时后我们还在这个入口集合"，可以知道他们在参观一个地方，参观时间是一小时，例13的问题中的句子是对的。

三、实战操练

1. ★今年夏天他们计划去旅游。

（　　　）

2. ★玛丽已经来教室了。

（　　　）

3. ★她每天什么都不干，是个懒姑娘。

（　　　）

4. ★会议时间改在今天下午5：00。

（　　　）

【听力材料】

　　1. 今年暑假我们打算去哈尔滨旅游，你愿不愿意跟我们一块儿去？我们可以租一辆车，这样的话，我们每个人花的钱就会再少一点儿。

　　★今年夏天他们计划去旅游。

　　2. 怎么办呢？马上就要考试了，玛丽还没有来教室。老师要是知道了，肯定会好好批评她一顿的。

　　★玛丽已经来教室了。

　　3. 想起来真是太可惜了，要不是去年那场车祸，这个幽默自信的姑娘现在已经是名大学生了。可现在她每天只能躺在床上，什么也干不了。

　　★她每天什么都不干，是个懒姑娘。

　　4. 会议时间改在今天下午4点半，可是根本没有人通知我。结果，我迟到了半个小时。老板在电话里对我大发脾气，没有给我任何解释的机会。

　　★会议时间改在今天下午5：00。

（正确答案：1. √ 2. × 3. × 4. ×）

沿虚线折一下

第二部分 对话题

一、题型介绍

新 HSK（四级）听力的第二种题型是对话题。听力第二部分全部是短对话题，共 15 道，即 11 题—25 题，由一男一女说的两句话组成；听力第三部分有长对话题 10 道，即 26 题—35 题，一般由四五句话组成。短对话每题录音时间 17 秒，长对话每题录音时间约 23 秒，对话题两题之间停顿 16 秒。

例 1

A 银行对面　　　　B 银行右边　　　　C 车站附近　　　D 使馆西边

（真题 H41001 第 11 题）

例 2

A 面条　　　　　　B 米饭　　　　　　C 饺子　　　　　D 蛋糕

（真题 H41001 第 26 题）

【听力材料】

例 1　男：请问，附近有超市吗？

　　　女：前面那儿有个银行，银行对面有一个小超市。

　　　问：超市在哪儿？

例 2　女：打了一下午羽毛球，肚子有点儿饿了。

　　　男：稍等一会儿，饭马上就好。

　　　女：真香，今天吃什么？

　　　男：你鼻子真好，今晚我们吃饺子。

　　　问：他们今晚吃什么？

【解题思路】

例 1 是一道短对话题，问超市在哪儿，根据女的的回答，超市在银行对面，选项 A 正确。例 2 是长对话题，长对话一般有四五句话。题目问晚上吃什么，根据男的的回答"今晚我们吃饺子"，选项 C 正确。

二、考点与攻略

（一）考点

新 HSK（四级）对话题的内容涉及人们日常生活、学习、工作的方方面面，考生如果熟悉对话情景，会对答题很有帮助。这些情景组成一个个特定的考点，对这些考点进行归类，便于考生了解新 HSK（四级）对话题的考查重点。

考点 1　人物信息题：职业、关系、态度等

这是新 HSK（四级）对话题中最常见的考点之一，主要考查与人物相关的信息，如，人物的职业，即说话人是干什么的；人物之间的关系，如丈夫与妻子、父母与子女、老师与学生等；人物的态度，如反对、支持等。此外还考查人物的性格特点，如害羞、幽默、安静、活泼等；人物的心情，如失望、难受、开心、烦恼等。

例 3

A 校长　　　　　B 服务员　　　　　C 理发师　　　　　D 医院护士

（真题 H41001 第 32 题）

【听力材料】

　　女：先生，这是您的房卡，请拿好。

　　男：谢谢！我的行李箱在哪儿取呢？

　　女：我们一会儿会直接送到您的房间。

　　男：谢谢！麻烦你们了。

　　女：不客气。

　　问：女的最可能是做什么的？

【解题思路】

　　例 3 询问女的做什么职业，根据女的的第一句话"先生，这是您的房卡"以及第三句话"我们一会儿会直接送到您的房间"，对话中出现的关键信息是"房卡、房间"，可知女的可能在宾馆工作，那么她最有可能是服务员，选项 B 正确。

新 HSK（四级）大纲的 1200 个词汇中，表示人物职业的词汇有 18 个：

序号	词语	序号	词语	序号	词语
149	dàifu 大夫	158	dǎoyóu 导游	226	fānyì 翻译
252	fúwùyuán 服务员	359	hùshi 护士	399	jìzhě 记者
433	jiàoshòu 教授	461	jīnglǐ 经理	465	jǐngchá 警察
531	lǎoshī 老师	573	lǜshī 律师	791	shòuhuòyuán 售货员
814	sījī 司机	953	xiàozhǎng 校长	983	xuésheng 学生
998	yǎnyuán 演员	1017	yīshēng 医生	1200	zuòzhě 作者

例 4

A 亲戚　　　　　　B 同学　　　　　　C 师生　　　　　　D 同事

（真题 H41001 第 27 题）

【听力材料】

男：小李，刚才跟你说话的那个女孩儿是谁啊？

女：我大学同学，你认识？

男：应该不认识，但是好像在哪儿见过。

女：那你可能是在我的大学毕业照上见过吧。

问：那个女孩儿和小李是什么关系？

【解题思路】

例 4 考查人物关系，询问小李与女孩儿的关系，根据第二句话"我大学同学"和第四句话"那你可能是在我的大学毕业照上见过吧"，可知小李和那个女孩儿是同学，选项 B 正确。

新HSK（四级）听力对话题，一般主要考查以下七种关系：

①师生关系：老师（教授、校长）与学生；②同学关系；③夫妻关系；④朋友关系；⑤邻居关系；⑥同事关系；⑦母子、父子、姐妹、兄弟等家庭关系。

例5

A 很感动　　　　B 很突然　　　　C 很后悔　　　　D 很失望

（真题 H41001 第15题）

【听力材料】

男：李老师，我下个月五号要结婚了。

女：你是在开玩笑吧？你们才认识一个月呀！

问：对于这个消息，女的觉得怎么样？

【解题思路】

这一题的考点是人物对某事或某人的态度、感受以及看法等，对话中往往表达出与此有关的意思。例5中根据女的说的"开玩笑""才认识一个月"等，可以知道女的对男的要结婚的消息感到十分突然，选项B正确。

新HSK（四级）大纲的1200个词汇中与人物的态度、感受及看法有关的词汇有24个：

序号	词语	序号	词语	序号	词语
32	bàoqiàn 抱歉	105	chījīng 吃惊	163	déyì 得意
227	fánnǎo 烦恼	228	fǎnduì 反对	265	gǎndòng 感动
275	gāoxìng 高兴	355	hòuhuǐ 后悔	365	huáiyí 怀疑
387	jīdòng 激动	427	jiāo'ào 骄傲	451	jǐnzhāng 紧张

续前表

序号	词语	序号	词语	序号	词语
583	mǎnyì 满意	617	nánshòu 难受	672	qíguài 奇怪
689	qīngsōng 轻松	754	shēngqì 生气	760	shīwàng 失望
789	shòubuliǎo 受不了	844	tǎoyàn 讨厌	866	tóngqíng 同情
922	xǐhuan 喜欢	967	xīngfèn 兴奋	1130	zhīchí 支持

考点 2　时间、地点

在叙述事情发生的经过或者人物活动的对话中，时间、地点是常见考点。考查时间时可能出现"提前""推迟"等相关表达；而对地点的考查一般不太复杂，考生如果对表示地点的词语比较熟悉，能很快得出答案。

例 6

A 中午　　　　B 周末　　　　C 月底　　　　D 寒假前

（真题 H41001 第 31 题）

【听力材料】

男：李教授，这几篇文章您什么时候要？

女：不急，你自己安排，只要在寒假前交给我就行。

男：没问题，我肯定会提前完成的。

女：那样更好。

问：李教授什么时候要那几篇文章？

【解题思路】

根据对话，男的问李教授什么时候要文章，李教授回答在寒假前交给她就可以了，所以选项 D 正确。

熟悉一些与时间相关的词语，对于解答这类题很有帮助，例如：按时、迟到、分钟、及时、刻、年、月底、周末、年底、暑假、寒假、上班、提前、推迟、准时。

例 7

A 花园　　　　　　B 教室　　　　　　C 公司　　　　　　D 宾馆

（真题 H41001 第 22 题）

> 【听力材料】
>
> 女：经理，您对新办公室的环境还满意吗？
>
> 男：不错，谢谢。你可以带我去看看公司别的地方吗？
>
> 问：说话人在哪里？
>
> 【解题思路】
>
> 例 7 问说话人在什么地方，根据女的称呼男的为"经理"，问男的对新办公室的环境满意不满意，可以猜出他们应该在公司，第二句男的又说"去看看公司别的地方"，可确定选项 C 正确。

新 HSK（四级）词汇中表示事情发生、人物出现的地点名词有 19 个（见下表）。除此之外，还会涉及到一些与交通工具相关的场景：出租车里、船上、飞机上、公共汽车上、地铁里、火车上等；其他常见的生活场景：电影院、街道上、马路上、电梯里、房间里、家里、会议室里、理发店里、咖啡馆里、吸烟室里、邻居家里、森林里等。

序号	词语	序号	词语	序号	词语
23	bàngōngshì 办公室	61	bīnguǎn 宾馆	94	chāoshì 超市
115	chúfáng 厨房	143	dàshǐguǎn 大使馆	230	fànguǎn 饭馆
288	gōngsī 公司	289	gōngyuán 公园	363	huāyuán 花园
380	huǒchēzhàn 火车站	383	jīchǎng 机场	408	jiāyóuzhàn 加油站

续前表

序号	词语	序号	词语	序号	词语
432	jiàoshì 教室	735	shāngdiàn 商店	872	túshūguǎn 图书馆
919	xǐshǒujiān 洗手间	985	xuéxiào 学校	1018	yīyuàn 医院
1042	yínháng 银行				

考点 3　因果关系：询问事情发生的原因

因果关系题的提问方式一般是"……为什么……"，需要考生对事情发生的原因进行解释。

例 8

① A 很穷　　　　B 很粗心　　　　C 不专业　　　　D 不友好

（真题 H41001 第 24 题）

② A 父亲节　　　　B 花很便宜　　　　C 妈妈生病了　　　D 朋友过生日

（真题 H41001 第 25 题）

【听力材料】

① 女：你对小李的印象怎么样？

　男：他的优点是有礼貌、诚实、能吃苦，就是太马虎、太粗心了，不适合我们的工作。

　问：小李为什么被拒绝了？

② 男：怎么忽然想起买花了？要送谁啊？

　女：今天是父亲节，你不会忘了吧？快去买礼物吧。

　问：女的为什么买花？

【解题思路】

例 8 是两道询问原因的题目，对于第一题，考生需要注意汉语中对人物、事物进行评价时的表达方式，即常常先作正面评价，说出人物、事物的优点，再作负面评价，说出自己的真正想法，所以必须十分熟悉转折关联词，如"但是、可是、不过、却"等，转折关联词所带出的句子，才是说话人的真实想法。第一题问小李被拒绝的原因，根据对话中所说的"太马虎、太粗心了，不适合我们的工作"，可知选项B正确。第二题比较简单，根据女的说"今天是父亲节"，可知她买花是因为父亲节，所以选项A正确。

解答这类试题，需要特别注意汉语中表达因果关系的关联词：由于、因为、所以、于是、是由于、是因为、因此、因而等。

考点4　活动、方式

人物参加的活动；人物的打算、计划；人物做某事的方式，如交通方式、联系方式、运动方式等也是常见考点。

例9

A 洗澡　　　　　B 游泳　　　　　C 爬山　　　　　D 逛街

（真题 H41001 第28题）

【听力材料】

女：你好，请问王师傅在家吗？

男：他不在家，他游泳去了。

女：那他什么时候回来呢？

男：一会儿就回来了吧。

女：好的，那我过一会儿再联系吧，打扰了，再见。

问：王师傅做什么去了？

【解题思路】

当考生阅读ABCD四个选项时，发现选项都是与活动有关的词语，所以可预测问题是"男的/女的做什么去了"。带着这样的预测听录音，听到问"王师傅做什么去了"，男的说"他游泳去了"，可知选项B正确。

新HSK(四级)考试中主要考查的活动内容有21种,对应的词语见下表：

序号	词语	序号	词语	序号	词语
47	bǐsài 比赛	57	biǎoyǎn 表演	80	cānguān 参观
92	chànggē 唱歌	108	chōuyān 抽烟	110	chūchāi 出差
133	dǎ lánqiú 打篮球	296	gòuwù 购物	414	jiǎnféi 减肥
571	lǚyóu 旅游	639	páshān 爬山	732	sànbù 散步
740	shàngwǎng 上网	807	shuìjiào 睡觉	838	tán gāngqín 弹钢琴
848	tī zúqiú 踢足球	860	tiàowǔ 跳舞	921	xǐzǎo 洗澡
997	yǎnchū 演出	1060	yóuyǒng 游泳	1110	zhāopìn 招聘

例 10

A 步行　　　　　　B 开车　　　　　　C 坐地铁　　　　D 打出租车

（真题 H41001 第 17 题）

【听力材料】

男：我已经出发了，有点儿堵车，到学校大概要四十分钟。

女：好的，你路上小心，慢慢开，别着急。

问：男的怎么去学校？

【解题思路】

例10考查交通方式，即某人去某地使用什么交通工具，根据男的说的"有点儿堵车"，可以排除选项A"步行"和选项C"坐地铁"；再根据女的说的"慢慢开"，说明男的是自己开车去学校的，因此选项B正确。

新HSK（四级）听力考试中对话题涉及的交通方式比较多，一般有：步行（走路）、开车（自己开车）、骑自行车、打的（出租车）、坐船、乘坐飞机／地铁／火车／公共汽车等。联系方式有：上网聊天（QQ／Skype／微信等）、电话（手机）、电子邮件等。运动方式有：跑步、锻炼、打篮球／网球／乒乓球／羽毛球、踢足球、游泳、爬山等。

考点5　数字与计算：号码，简单的计算

数字考点一般涉及电话号码、传真号码、航班号、房间号，题目重点考查考生对数字的反应能力；而与"倍数""打折""……分之……"等有关的计算题就不仅考查考生的反应能力，同时也考查考生的理解与计算能力，考生需要知道一些与数字相关的常用表达。

例11

A 20 块　　　　　　　B 30 块　　　　　　C 40 块　　　　　　D 60 块

（真题 H41001 第 19 题）

【听力材料】

男：小姐，我女儿多少钱一张票？

女：您好，您的六十，您孩子买儿童票，半价。

问：女儿的票多少钱一张？

【解题思路】

例11是一道简单的计算题，问女儿的票多少钱一张。根据女的说男的的票60块一张，孩子的票是半价，60的一半是30，选项B正确。

计算题的关键是听懂并记住数字，所以考生必须边听边做笔记。有时候在长对话中会出现几个数字，就需要在每个数字旁边做上记录，听到问题后再计算，从而得出正确答案。

考点 6　逻辑推理

这类考点的提问方式一般是："根据对话，可以知道……""男的／女的是什么意思？"等。进行推理时，需要注意对话中出现的细节；进行总结时，需要对整个对话作出概括。

例 12

A　太旧了　　　　　　B　很奇怪　　　　　C　有点儿长　　　D　最好换一件

（真题 H41001 第 20 题）

【听力材料】

女：今晚我穿这条裙子怎么样？今年最流行的。

男：很漂亮，不过我觉得这种打扮参加正式的舞会可能还是不太合适。

问：男的是什么意思？

【解题思路】

例 12 是一道典型的逻辑推理题。这类题与前面五类题不同，题目难度相对较大，很多时候考生即使听懂了录音，也未必能够正确解答问题。考生在听录音时，不仅要听懂内容，还要注意细节，包括说话人声音的大小、所用语气等。男的对女的说，裙子很漂亮，但不适合出席正式舞会，所以他是在比较委婉地建议女的换一条，选项 D 正确。

逻辑推理题的特点是直接听到的选项不一定是正确答案，考生一定要注意。

（二）攻略

做好对话题，最重要的是集中注意力。因为对话题的内容比较短，尤其是短对话，如果注意力不集中，考生还没反应过来，录音已经结束了，结果根本就无法做题。因此，掌握一定的答题攻略十分必要。

对话题答题攻略主要有以下几项。

1. **题目主干信息预测法**。阅读每道题的 ABCD 四个选项，从中找到一些关键信息，对对话内容进行预测。

2. **提问方式预测法。** 很多考生能听懂对话内容，却不能正确作答，主要是因为没有听懂问题。熟悉对话题的提问方式，不仅可以帮助考生提高反应能力，而且可以帮助考生预测问题。主要的提问方式有：

① ……是做什么的？

② ……和……是什么关系？

③ ……觉得怎么样 / 是什么意思 / 是什么态度？

④ ……什么时候……？

⑤ ……在哪儿？

⑥ ……为什么……？

⑦ ……在做什么？

⑧ ……怎么……？

⑨ ……多少钱 ?/……号码是多少？ /……多大了？

⑩ 根据对话，可以知道……

⑪ ……是什么意思？

……

3. **笔记标记法。** 仔细听对话，做好笔记，抓住 ABCD 四个选项中的对应词进行验证。听对话做笔记的时候，需要注意以下两个方面：

（1）抓住细节，速记重要信息。对话题与判断对错题不同，它是以男女两人对话的形式出题，说话人会交替变换，有的考生对女人说的话比较敏感，有的考生又刚好相反。这就需要考生在听的过程中，抓住细节，速记重要信息，尤其是考查时间、地点、数字时，做笔记十分必要。

例 13

A 是新的　　　　　B 刚修好　　　　C 质量不合格　　D 样子很流行

（真题 H41001 第 16 题）

【听力材料】

女：啊，外面下雪了。起床，你快来看看。

男：太好了！咱们去公园吧？试试你的新照相机，怎么样？

问：女的的照相机怎么样？

【解题思路】

例 13 中照相机前面有一个形容词"新"做修饰语，考生在听录音时稍一走神，就会抓不住这一信息。问照相机怎么样，选项 A 正确。

（2）对话题，特别是短对话中第二句是关键。短对话中一般第一句只是给出一个情景，导入对话，不会出现重要信息，第二句话则常常是关键。而听长对话时，如果前面几句一直没有出现重要信息，那么可能在最后一句出现，考生要有耐心。

例 14

A 请假   B 唱歌   C 散步   D 买东西

（真题 H41001 第 12 题）

【听力材料】

女：天都这么晚了，你还出去干什么？

男：我们明天去上海旅游，我要去买一个轻一点儿的行李箱。

问：男的现在要去做什么？

【解题思路】

根据男的说"要去买一个轻一点儿的行李箱"，可知他马上要出去买东西，选项 D 正确。

当然，这不是说第一句完全不重要，有时候答案也会刚好出现在第一句里。听力考试中一定要集中注意力，不能粗心大意。

三、实战操练

1. A 怀疑　　　　　B 奇怪
   C 满意　　　　　D 激动

2. A 8：00　　　　B 8：30
   C 9：30　　　　D 9：00

3. A 工资不高　　　B 工作环境不好
   C 同事不好　　　D 总是出差

4. A 开车　　　　　B 步行
   C 坐出租车　　　D 坐地铁

5. A 180　　　　　B 165
   C 117　　　　　D 65

6. A 男的生病了　　B 男的迟到了
   C 男的结婚了　　D 男的以前住在哥哥家里

【听力材料】

1. 男：你听说了没有？对面老王家的女儿考上重点大学啦！
   女：不会吧，你是不是听错了？应该是老李家的儿子吧！
   问：女的什么态度？

2. 女：小刘，经理让我通知你，明天上午8点的会议要推迟半个小时开始。
   男：知道了，不过，经理说的是推迟一个半小时。
   问：会议什么时候开始？

3. 男：你的新工作怎么样？还满意吧？
   女：工资挺高的，工作环境也不错，同事们也十分热情，就是经常要出差，比较令人头疼。
   问：新工作为什么令女的头疼？

4. 女：你的车最近很少开，是不是坏了？
   男：不是。我前几天才做了手术，医生希望我多活动活动，走走对身体有好处。
   女：从家里到公司挺远的吧，你来得及吗？
   男：来得及，提前半个小时出门就可以了。
   问：男的怎么去上班？

5. 男：小姐，这件白衬衫多少钱？
   女：便宜，给你180。
   男：太贵了，有没有别的给我看看？
   女：那边有蓝色的，给你六五折，要不要？
   男：好的，我试一试吧。
   问：蓝色衬衫多少钱一件？

6. 女：你这几天上课总是精神不太好，怎么了？
   男：我搬家了，住得比原来远了十公里，每天得提前一个小时起床。
   女：好好的搬什么家呀？
   男：我也不想呀，可是哥哥要结婚了，我能有什么办法呢。
   问：根据对话，可以知道？

（正确答案：1. A 2. C 3. D 4. B 5. C 6. D）

23

第三部分 短文题

一、题型介绍

新 HSK（四级）听力第三部分的 36—45 题，需要根据 5 篇小短文来完成。每篇短文后有两个问题，考生根据所听内容从 ABCD 四个选项中选出正确答案。每篇短文的字数在 70—110 字之间，一般应用文类短文较短，记叙文类短文较长。每篇短文录音时间在 25—35 秒之间。

例 1

36．A 记者　　　B 租房的　　　C 买房的　　　D 卖房的

37．A 很贵　　　B 离机场近　　　C 交通方便　　　D 周围风景不错

（真题 H41001 第 36—37 题）

【听力材料】

第 36 到 37 题是根据下面一段话：

这房子家具全，电视、空调、冰箱都有并且都很新，离火车站也很近，交通方便，离您公司也不远，您可以坐公共汽车甚至可以骑自行车上班，把身体也锻炼了；价格也比较便宜，真的很值得考虑。

36．说话人最可能是做什么的？

37．关于这房子，下列哪个正确？

【解题思路】

在听短文前考生看到的只是选项，因此首先需要根据选项对短文内容进行预测。第 36 题 BCD 三个选项都有一个"房"字，且都为"……的"结构，"动词＋的"为名词性结构，可以猜想短文内容与房子有关，而且第 36 题应该是问人物的职业或身份，可以初步排除选项 A。第 37 题，根据选项内容，可以猜测问题是问房子怎么样。A"很贵"，一定是谈价钱；B"离机场近"，与房子的地点有关；C"交通方便"，短文中可能会出现有关交通情况的介绍；D"周围风景不错"，是对房子周围环境的描述，在听的时候要注意形

容词是不是"不错"或者与"不错"意义相近的词。

　　根据选项进行预测后，在听的过程中，就需要进一步验证自己的预测。第 36 题需要考生进行简单的推理，说话人对房子的方方面面都进行了介绍，很显然她想把房子卖出去，选项 D 正确。选项 B 会给考生带来干扰，但如果是房屋出租，根据内容说话人不应是"租房的"，而应是"房东"。第 37 题，根据短文提到的房子"离火车站也很近，交通方便"，可知选项 C 正确。

二、考点与攻略

（一）考点

考点 1　应用文类：广播、广告、感言、天气预报、通知等

　　这类短文是新 HSK（四级）听力材料中最常见的，它们有一个共同的特点，即面对特定的对象，以话语的形式传递信息。

　　广播如商场广播，涉及的具体内容有商品打折信息、寻人启事等。广告则是对新产品进行介绍。感言一般包括获奖感言、成功感言、毕业感言等。天气预报、通知一般与飞机、火车信息等有关，如因为天气原因，造成飞机、火车晚点的信息等。

例 2

42．A 让人更成熟　　　　　　B 让皮肤湿润

　　C 让空气湿润　　　　　　D 让人凉快

43．A 免费试用　　　　　　　B 买一送一

　　C 半价出售　　　　　　　D 九折出售

（真题 H41002 第 42—43 题）

【听力材料】

第 42 到 43 题是根据下面一段话：

进入冬季，气候干燥，怎样才能保护皮肤，让别人看不出自己的年龄？我们的"水之印象"可以让您的皮肤在干燥的冬季喝饱水。我们现在正举办免费试用活动，很多人用过之后，都说效果非常好，您还在等什么？

42．"水之印象"有什么作用？

43．他们正在举办什么活动？

【解题思路】

这篇短文是一款叫"水之印象"的化妆品的促销广告。在听之前，考生可以通过阅读选项对内容进行预测。第 42 题的选项 ABD 都与人有关，选项 C 比较特殊，这样的选项要么可以马上排除，要么是正确答案，考生应该对选项 C 做上记号。当听到"可以让您的皮肤在干燥的冬季喝饱水"时，可知选项 B 正确。第 43 题，根据文中提到的"我们现在正举办免费试用活动"，可知选项 A 正确。

例 3

44．A 压力不大   B 已按时完成
    C 质量有问题   D 完成速度太慢

45．A 接受道歉   B 感谢同事
    C 解释原因   D 接受任务

（真题 H41002 第 44—45 题）

例 4

44．A 导游   B 校长   C 记者   D 服务员

45．A 访问   B 开学   C 毕业   D 放寒假

（真题 H41005 第 44—45 题）

【听力材料】

例3 第44到45题是根据下面一段话：

我们的任务已经按计划全部完成了。这一段时间，尽管工作压力大，中间也遇到了许多困难，但是因为有大家的支持，我们能够快速、积极地找到问题的原因，及时地解决问题，保质保量地完成任务。非常感谢大家对我的支持。

44. 关于这个任务，下列哪个正确？

45. 说话人正在做什么？

例4 第44到45题是根据下面一段话：

今天你们终于完成了大学四年的学习，马上就要开始新的生活了。我代表学校向同学们表示祝贺！祝你们在今后取得更大的成绩，也希望你们以后有时间多回学校来看看。

44. 说话人最可能是谁？

45. 这段话最可能是在什么时候说的？

【解题思路】

例3与例4是同一类短文，都属于感言类。例3是当事人自己发表感言，表达自己对他人的感谢；例4属于毕业赠言，是对毕业生表达的期望。虽然具体内容上可能有些差异，但是感言类短文的主题一般是感谢或期望。

解答例3，需要注意短文的开头和结尾。开头第一句"我们的任务已经按计划全部完成了"，可知第44题答案是B，而根据最后一句"非常感谢大家对我的支持"，可知说话人要表达的是感谢，因而第45题答案是B"感谢同事"。

解答例4，短文的第一句话是关键，"今天你们终于完成了大学四年的学习任务"，第45题中选项C最符合文意，是正确答案。此外，在大学毕业典礼上发表赠言的一般是校长，因此，第44题的答案是选项B。

考点 2　小品文类：笑话、幽默故事、哲理性散文等

小品文的突出特点是考生听明白之后会会心一笑，从笑中获得道理与启发。但是，这类题并不容易得分，因为有时考生虽然听懂了，但由于容易将注意力过分地集中在短文内容上，而忽略了细节，甚至忘记做题。因此，在听的过程中，考生需要集中注意力，并及时做好笔记。

例 5

38．A 钱丢了　　　　B 打针了　　　　C 爸爸生病了　　　D 被爷爷批评了

39．A 10 块　　　　　B 20 块　　　　　C 30 块　　　　　　D 100 块

（真题 H41005 第 38—39 题）

【听力材料】

第 38 到 39 题是根据下面一段话：

有个人看见一个孩子在路边哭，就问他为什么哭。孩子说刚才不小心丢了十块钱。见孩子那么难过，那个人就拿出十块钱送给他。没想到孩子哭得更伤心了。那个人很奇怪，就问："我刚才不是给了你十块钱吗？为什么还哭呢？"孩子回答："如果没丢那十块钱，我现在就有二十块了。"

38．那个孩子为什么哭？

39．那个孩子现在有多少钱？

【解题思路】

如果听懂了短文，会为孩子的想法感到好笑。如果没听懂，解题时依旧可以先根据选项对短文内容进行预测，第 39 题 ABCD 四个选项都是数字加量词，而量词"块"一般与钱有关。第 38 题中有选项 A "钱丢了"，由此可以猜想短文是与丢了多少钱有关。带着这种猜想，再听短文，就能知道第 38 题答案是 A "钱丢了"，第 39 题答案是 A。

考点 3　记叙文类：故事、日记、介绍人物/事物或事情等

这类短文是比较容易的，考生只要过了词汇关，能听清楚就能做题。记叙文的内容一般是讲一个故事、介绍一个人或者叙述一件事情发生的经过。

例 6

36．A 很瘦　　　　B 个子矮　　　　C 十分骄傲　　　　D 爱好历史

37．A 15 岁　　　　B 16 岁　　　　C 25 岁　　　　D 26 岁

（真题 H41002 第 36—37 题）

【听力材料】

第 36 到 37 题是根据下面一段话：

邓亚萍是中国的乒乓球运动员，但是她的身高只有一米五五，很多人认为她并不适合打乒乓球。可是她通过努力，改变了人们的这一看法。她十五岁成为亚洲第一，十六岁获得世界第一。

36．关于邓亚萍，可以知道什么？

37．邓亚萍什么时候获得亚洲第一？

【解题思路】

例 6 是关于邓亚萍的介绍。对于留学生来说，"邓亚萍"可能是个比较陌生的人物，但是只要能明白"邓亚萍"是一个人的名字就不影响做题。第 36 题 ABCD 四个选项在短文中都没有直接出现，这就需要考生根据短文内容进行推理。短文中提到邓亚萍"身高只有一米五五"，可知邓亚萍不是很高，选项 B 正确。第 37 题有干扰项，考生在听的过程中需要做好笔记，而且需要听清楚问题是什么。题目问的是"邓亚萍什么时候获得亚洲第一"，答案应是选项 A "15 岁"。

考点 4　议论文类

这类短文的内容一般具有一定的辩证性。但是观点一般都很鲜明，有的在短文开头就表明了立场与论点，把握第一句话是关键；有的论点出现在短

文的最后一句话，对内容进行归纳，所以如果一直没有听到关键句，也不要着急，一定要坚持听到最后，答案一定会出现。

例 7

38. A 性别　　　　　　　　B 性格
　　C 兴趣　　　　　　　　D 标准

39. A 现代教育学　　　　　B 什么是感情
　　C 儿童的爱好　　　　　D 怎样教育孩子

（真题 H41004 第 38—39 题）

例 8

42. A 职业　　　B 生活　　　C 食品　　　D 味道
43. A 中间最好吃　B 不太受欢迎　C 样子很特别　D 价格很便宜

（真题 H41004 第 42—43 题）

【听力材料】

例 7　第 38 到 39 题是根据下面一段话：

教育不同性格的孩子要使用不同的方法：对那些活泼的孩子要给他们一些限制；对那些害羞的孩子要经常鼓励他们说出自己的看法，当他们这样做了以后，要表扬他们。这样才能让每一个孩子都健康地发展。

38. 根据这段话，教育孩子要考虑哪方面的不同？

39. 这段话主要谈什么？

例 8　第 42 到 43 题是根据下面一段话：

生活是什么？不同的人有不同的看法。有人说，生活是一杯酒，辣中带香；有人说生活是一块巧克力，甜中带些苦；也有人说，生活是一个圆面包，中间那部分是最好吃的，然而不是每个人都能吃到。生活究竟是什么？可能我们每个人都有自己的答案。

42. 这段话谈的是什么？

43. 圆面包有什么特点？

【解题思路】

例 7 和例 8 都是议论文性质的短文。例 7 属于开门见山表明观点的短文，听到第一句话"教育不同性格的孩子要使用不同的办法"，可知第 38 题答案是 B。第 39 题答案是 D，虽然选项 A"现代教育学"可能会对考生造成干扰，但是听完后验证一下短文，就能排除，因为短文中没有出现与"现代教育学"相关的内容。例 8 的第一句话"生活是什么"运用提问的方式表明短文的主题，所以第 42 题答案是 B。听到"生活是一个圆面包，中间那部分是最好吃的"，可知第 43 题的答案是选项 A。

（二）攻略

做好短文题，最重要的是集中注意力。因为短文内容比较多，录音时间比较长，很多考生在考试过程中容易走神，即使听明白了短文内容，但对问题的反应却比较慢，而录音只放一遍，结果想明白了也无法正确答题。因此，掌握一定的解题攻略十分有必要。

解答短文题时，可以运用以下两点攻略。

1. **短文内容及题目主干信息预测法。**浏览问题的 ABCD 四个选项，从中找到一些关键信息，对短文及题干内容进行预测。

2. **笔记标记法。**仔细听短文，做好笔记，抓住 ABCD 四个选项中的对应词，进行验证。

在听短文做笔记的时候，需要注意以下几个方面：

（1）集中注意力听第一句，第一句往往是解题关键。有时候听明白了第一句，就能找到问题的答案，后面的录音也就不需要听了，可以节省时间读下一题的选项。

例 9

40．A 一本书　　　B 一个报道　　　C 一个广告　　　D 一个电视节目

41．A艺术　　　　B生活　　　　　C国际　　　　　D法律

　　　　　　　　　　　　　　　　（真题 H41001 第 40—41 题）

例 10

42．A袜子　　　　B食品　　　　　C饮料　　　　　D洗衣机

43．A丈夫　　　　B导游　　　　　C司机　　　　　D售货员

　　　　　　　　　　　　　　　　（真题 H41001 第 42—43 题）

【听力材料】

　　例 9 第 40 到 41 题是根据下面一段话：

　　这个节目我一直在看，它介绍了很多生活中的小知识，包括怎样选择牙膏，擦脸应该用什么毛巾，怎样远离皮肤病等等。很多以前我没有注意到的问题，现在通过它了解了不少。

　　40．说话人在介绍什么？

　　41．说话人了解了哪方面的知识？

　　例 10 第 42 到 43 题是根据下面一段话：

　　昨天，妻子让我陪她去买一双袜子。进了商店，她先去看帽子，觉得有个帽子很可爱，就买了一个。然后她又买了一条裤子、一件衬衫，把她身上带的钱全花完后我们就回家了。回家以后，我吃惊地发现，竟然没有买袜子。

　　42．他们计划买什么？

　　43．说话人是谁？

【解题思路】

　　例 9 和例 10 都是从第一句就能得出问题答案的短文。例 9，短文第一句话"这个节目我一直在看……"就告诉考生短文讨论的是一个"节目"，这个节目介绍的是"生活中的小知识"，所以第 40 题答案是 D，第 41 题答案是 B。例 10，根据短文第一句话"昨天，妻子让我陪她去买一双袜子"可知，说话人陪妻子去买"袜子"，第 42 题答案是 A，与妻子相对的是丈夫，第

43 题答案是 A。

这两个例子都是通过第一句话就能知道问题的答案，但是考生需要在听前熟悉选项，这样才能一听到相关内容就作出反应。

（2）对相关的短文内容进行意义转换。不是所有的选项都能在短文中找到直接与其对应的词语，有些短文中的句子或词语出现在选项中时已经发生了形式上的转换，考生在做题时要注意对短文内容进行总结、归纳和转换。

例 11

38．A 老师　　　　B 班长　　　　C 校长　　　　D 院长
39．A 要考数学　　B 作业很多　　C 考试提前了　　D 考试成绩不好

（真题 H41002 第 38—39 题）

例 12

40．A 游泳　　　　B 骑马　　　　C 表演　　　　D 画画儿
41．A 比赛很乱　　B 大家都很笨　　C 他们都很胖　　D 他没得第一名

（真题 H41002 第 40—41 题）

【听力材料】

例 11　第 38 到 39 题是根据下面一段话：

同学们正在教室里学习，准备下星期的考试。班长忽然跑进来，大声说："告诉大家一个好消息和一个坏消息。好消息是下星期不考试了！"同学们高兴得跳了起来，班长又说："坏消息是下星期的考试，改到今天了。"

38．消息是谁通知的？

39．坏消息是什么？

例 12　第 40 到 41 题是根据下面一段话：

他是一位著名的演员。有一次，一个地方举行一个比赛，看谁表演得更像他。参加的人有三四十个，他自己也报名参加了，但没有告诉任何人，

结果他得的竟是第三名。他觉得这是他一生中最大的一个笑话。

40．他参加的是什么比赛？

41．他为什么觉得很好笑？

【解题思路】

例 11 与例 12 的共同点是短文的第一个问题可以在文中直接找到答案，考生只需认真听，抓住对应内容就可以了；第二个问题则相对较难，选项中出现的词语在短文里找不到。这就需要考生进行分析，对短文中出现的内容进行转换。例 11，短文中说"坏消息是下星期的考试，改到今天了"，根据这句话，可知考试提前了，第 39 题答案是 C。例 12，短文说"他得的竟是第三名"，他自己表演自己，却没有得到第一名，所以觉得很好笑，选项 D "他没得第一名"是正确答案。

（3）注意相关内容在短文中的出现顺序。一篇短文有两个问题，往往是按照它们的答案在短文中出现的先后顺序来安排的。一般第一个问题的答案在短文的前半部分，第二个问题的答案在短文的后半部分。考生做题的时候可按照这个规律来寻找问题的答案。

例 13

38．A 星期三　　　B 星期四　　　C 星期五　　　D 星期六

39．A 亚洲　　　　B 地球　　　　C 老虎　　　　D 狮子

（真题 H41003 第 38—39 题）

例 14

42．A 后悔　　　　B 得意　　　　C 紧张　　　　D 激动

43．A 理想　　　　B 努力工作　　C 正确的方法　D 失败的经验

（真题 H41005 第 42—43 题）

【听力材料】

例 13　第 38 到 39 题是根据下面一段话：

各位观众，大家晚上好。欢迎大家在星期六晚上，准时收看我们的《人与自然》节目。在今天的节目里，我们主要向大家介绍亚洲虎。今天我们还请来了国内著名的动物学教授，王教授，来给我们介绍这方面的知识。

38．今天星期几？

39．今天的节目主要介绍什么？

例 14　第 42 到 43 题是根据下面一段话：

许多人都有过后悔的经历，其实，只要我们按照自己的想法去做了，就没什么后悔的，因为我们不可能把所有的事情全部做对。另外，让我们走向成功的，往往是我们从过去做错的事情中得到的经验。

42．许多人都有过怎样的经历？

43．什么能帮助我们走向成功？

【解题思路】

例 13 与例 14 两篇短文的共同点是两个问题的答案在短文中出现的位置都具有一定的先后顺序。例 13，短文第一句话并没有给出什么重要信息，考生一定不要着急，听到"欢迎大家在星期六晚上"时，第 38 题答案已经出现了，选项 D 正确；接着由"主要向大家介绍亚洲虎"可知第 39 题答案是 C。例 14 的短文比较典型，根据汉语的写作习惯，开头与结尾是信息比较密集的地方。从第一句话"许多人都有过后悔的经历"可以知道第 42 题的答案是 A。由最后一句话"让我们走向成功的，往往是我们从过去做错的事情中得到的经验"，可知第 43 题的答案是 D。

前面虽然说过，短文题中第一句往往是关键。但有时最后一句也非常重要，所以在听短文时，如果在短文开头部分与中间部分找不到什么有用信息，考生一定不要紧张，要集中精力，答案大多会出现在最后一句。

（4）注意合理地运用常识与其他学科知识来解题。听力短文题的内容一般与人们的日常生活、学习密切相关，如果考生的阅读面很广，做短文题就会比较容易。尤其是一些与地理文化知识相关的题，有时候不需要听，光凭预测就能得出正确答案，听短文的时候只需进一步验证就可以了。

例 15

38．A 干净   B 聪明

       C 有趣   D 有耐心

39．A 可以更勇敢   B 想减少危险

       C 会感到安全   D 有时会孤单

（真题 H41001 第 38—39 题）

例 16

36．A 爬山   B 理发   C 吃饺子   D 吃面条

37．A 干燥   B 寒冷   C 暖和   D 常刮风

（真题 H41004 第 36—37 题）

【听力材料】

例 15 第 38 到 39 题是根据下面一段话：

狗是一种聪明的动物，它能听懂人的话，明白人的心情，会和人产生感情。人们喜欢养狗，是因为在孤单的时候，狗会陪着他们，互相信任，互相照顾。

38．根据这段话，狗有什么特点？

39．人们为什么喜欢狗？

例 16 第 36 到 37 题是根据下面一段话：

北方人爱吃饺子，除了因为饺子味道鲜美，还因为人们忙了一年，过年时全家人坐在一起包饺子，是很好的交流机会。另外，吃饺子还跟北方的气候有关，北方比南方寒冷，吃热饺子会让人感觉很暖和、很舒服。

36．北方人过年有什么习惯？

37．北方的气候怎么样？

【解题思路】

例 15 与例 16 是典型的常识题。在听的过程中，如果不能将短文内容听得十分明白，也能根据自己的猜测得出正确答案。例 15 第 38 题，狗是一种聪明的动物，人类喜欢狗，往往是因为狗能够在孤单的时候陪伴他们。第 38 题答案是 B，第 39 题答案是 D。例 16 是文化题，考生只要具备一定的中国文化知识，就能很快猜出答案。中国的北方比南方寒冷，在过年的时候会吃饺子。第 36 题答案是 C，第 37 题答案是 B。

三、实战操练

1．A 雪花啤酒　　　　B 葡萄酒

　　C 红酒　　　　　　D 老白干

2．A 喝酒的　　　　　B 老师

　　C 学生　　　　　　D 医生

沿虚线折一下

【听力材料】

第 1 到 2 题是根据下面一段话：

爸爸喜欢喝酒，他不喝啤酒、红酒，只喝白酒。妈妈说过他很多次，他还是要喝。大家问他为什么呀？他说酒能让他忘记生活中的烦恼。一次上课，他看见一个学生在喝酒，就批评他道："你为什么要喝酒啊？""喝酒能让我忘记学习中的烦恼"，学生回答说。

1．爸爸可能会喜欢喝什么酒？

2．爸爸是干什么的？

3. A 标准　　　　　B 爱情

C 金钱　　　　　D 家庭

4. A 生活经历　　　B 共同的理想

C 性格合适　　　D 父母同意

第 3 到 4 题是根据下面一段话：

爱情到底由什么决定？不同的人有不同的标准。有人说外表、金钱可以决定爱情，也有人说家庭教育、生活经历、共同的理想可以决定爱情。其实，两个陌生人能够产生爱情，性格合适不合适才是关键。

3. 这段话主要谈什么？

4. 产生爱情的关键是什么？

（正确答案：1.D　2.B　3.B　4.C）

沿虚线折一下

第二章　阅读

新 HSK（四级）阅读理解共有三部分。

第一部分选词填空。每题给出带有一个空格的句子或对话，要求考生根据所给句子或对话的意思，从所提供的词语中选择正确的词语填空。

第二部分排列顺序。每题给出 ABC 三个句子，要求考生将这三个句子按正确顺序排列。

第三部分阅读理解。提供若干段文字，每段文字后有一到两个问题，要求考生根据文字内容从 ABCD 选项中选出正确答案。

第一部分　选词填空

一、题型介绍

选词填空由两部分组成，第一部分包括五道题（第46—50题），要求考生根据所给句子的意思，从六个词中（其中一个词语为例句所用）选出五个分别填入五个句子中，使句子意思完整通顺。

例1

A 举办　　　B 可是　　　C 味道　　　D 坚持　　　E 食品　　　F 流行

例如：她每天都（　D　）走路上下班，所以身体一直很不错。

46．这种裙子最近很（　　　），我也想去买一条。

47．我本来已经打算放弃了，（　　　）他的话让我改变了主意。

48．春节时，最受欢迎的（　　　）是饺子，尤其是在中国北方。

49．有人说，友谊就像酒一样，时间越长，（　　　）越好。

50．这次演出活动（　　　）得非常成功，吸引了不少当地的观众。

（真题 H41005 第 46—50 题）

正确答案：46.F　47.B　48.E　49.C　50.A

第二部分也包括五道题（第51—55题），要求考生根据所给对话的意思从六个词中（其中一个词语为例句所用）选出五个分别填入五个对话中，使对话意思完整通顺。

例2

A 主动　　　B 重新　　　C 温度　　　D 来不及　　　E 严重　　　F 大概

例如：A：今天真冷啊，好像白天最高（　C　）才2℃。

　　　B：刚才电视里说明天更冷。

51．A：这个地方真大啊，咱们再去那边逛逛吧。

B：估计（　　　）了，集合时间马上就到了。

52．A：你们学校的硕士和博士研究生一共有多少人？

B：准确数字我不太清楚，（　　　）有三四千吧。

53．A：你来看看，这些表格的顺序不对吧？

B：对不起，是我粗心。我（　　　）打印一份给您吧。

54．A：机会不会自己跑到你面前的，要（　　　）点儿。

B：您放心，我会再试一次的，就算被拒绝了，也不后悔。

55．A：我的感冒更（　　　）了，我想明天请一天假。

B：没问题。你最好去医院看一下，吃点儿药也许就好了。

（真题 H41005 第 51—55 题）

正确答案：51.D　52.F　53.B　54.A　55.E

选词填空一共十道题，主要考查的是新 HSK（四级）大纲的 1200 个词汇，侧重考查考生对词语意思和词语搭配的掌握以及对句子含义的综合理解能力。考查对象主要为名词、动词、形容词、副词、连词。

二、考点与攻略

（一）攻略

选词填空部分主要考查的是词语，我们把考点分为名词、动词、形容词、副词、连词五类。根据考点，我们总结出五大答题攻略。

1. **位置确定法**。根据不同词性的词语在句子中出现的位置来选择词语。根据汉语语序，名词一般出现在形容词、量词、代词、动词或"的"字之后；动词一般会出现在名词之前、否定词"不""没"之后、"了""得"之前；形容词前面一般会有"有点儿""这么""太""特别""真""更""很"等表示程度的词或短语来修饰，形容词后面一般会出现名词或"的"字；副词修饰形容词或动词，一般出现在形容词和动词的前面；连词一般出现在词、短语或句子中间，用来连接词、短语或句子。

2．**成分搭配法**。词性不同的词语在句子中充当的句子成分往往不同，由此我们可以根据句子中所缺的句子成分来选择词语。名词一般在句子中做主语、宾语，有时做定语或谓语（四级中一般不会出现）；动词一般在句子中做谓语，前面常会有副词修饰；形容词在句子中一般充当定语修饰主语或宾语（名词），后面常会出现"的"；副词在句子中一般充当状语，用来修饰动词或形容词。

3．**词义搭配法**。名词与动词、形容词与名词的搭配中，一定要考虑到其词义是否相配。在位置确定法、成分搭配法之后，如果还有词性相同的干扰项时，可以根据词义的搭配来选择词语。

4．**语境分析法**。段落的上下文或上下句之间要符合语义逻辑，通过对上句的语义分析，推测出下句可能表达的语义。

5．**排除法**。如果选项中出现了自己不认识的词语，可以运用排除法先排除一部分选项，从而提高解题效率。

（二）考点

下面我们来看一下上述攻略在各类考点中的具体应用。

考点 1　名词

在新 HSK（四级）词汇中名词占近一半数量，有 500 多个。人们在日常生活中用得最多的也是名词，因此，在新 HSK（四级）中，名词必定会成为考试的重点。在选词填空部分给出的六个词语中，名词出现频率较高。

例 3

A 禁止　　　B 海洋　　　C 推迟　　　D 坚持　　　E 顺便　　　F 估计

50．地球上约 71% 的地方是蓝色的（　　　　）。

A 工具　　　B 收　　　　C 温度　　　D 到底　　　E 辛苦　　　F 抱歉

54．A：语言是交流的（　　　　），只记字典、词典里的字、词是不够的，要

　　　　多听多说。

B：对，这才是学习汉语的好方法。

（真题 H41001 第 50、54 题）

【正确答案】

50.B　54.A

【攻略应用】

（1）位置确定法。根据名词在句子中出现的位置来判定：名词一般出现在形容词、量词、代词、动词或者"的"之后。就例 3 的两个句子来说，前面一个字是"的"，其后应该为名词"海洋"。

（2）成分搭配法。根据句子所缺成分来判断：通读全句，初步判定句子中缺少什么成分，名词一般在句中做主语、宾语，有时做定语或谓语（四级中一般不会出现）。就例 3 的两个句子来说，句中缺少的是宾语，可以判定应该选择名词。在第二组词中有两个名词"工具"和"温度"，这时需要考生根据自己对句义的理解做出选择。

考点 2　动词

在新 HSK（四级）词汇中，动词占了近三分之一，有 350 多个。对汉语学习者来说，掌握动词与其他词的搭配是至关重要的。

例 4

A 食品　　B 粗心　　C 礼貌　　D 坚持　　E 挂　　F 完全

46.她要求在洗手间的墙上（　　）一面大镜子。

（真题 H41003 第 46 题）

A 严格　　B 后悔　　C 温度　　D 直接　　E 重点　　F 提醒

53.A：周末的演出改到晚上 7 点了，你通知小王了没？

B：还没呢，一上午都在忙。你不（　　）的话，我可能真忘了。

（真题 H41004 第 53 题）

A 举办　　B 可是　　　C 味道　　D 坚持　　E 食品　　F 流行

50. 这次演出活动（　　　）得非常成功，吸引了不少当地的观众。

（真题 H41005 第 50 题）

【正确答案】

46.E　53.F　50.A

【攻略应用】

（1）词义搭配法。根据动词和名词的搭配来选择词语：动词"挂"的常用义是指借助钉子、钩子把某物依附在另一物上，所以"在墙上挂镜子"这一搭配是正确的。第46题正确答案是 E"挂"。

（2）语境分析法。根据上下文语境来判定词语：在第53题中，"可能真忘了"对应的内容应该是得到了提醒。正确答案是 F"提醒"。

（3）位置确定法。根据动词在句子中出现的位置来判定：动词通常出现在名词之前，否定词"不""没"之后，"了""得"之前。在第46题中"一面大镜子"是名词，前面可能出现的是动词；在第53题中出现否定词"不"，后面可能出现动词，再根据句子意思，排除"后悔"。在第50题中，出现了"得"字，后面是补语，可以判定前面出现的是动词。

考点3　形容词

在新 HSK（四级）词汇中，形容词大概有 170 多个，在日常表达中，描述一件事情或一个物体时，具有描述作用的形容词显得尤为重要。

例 5

A 填　　　B 正式　　C 温度　　D 酸　　　E 广播　　F 肚子

52. A：这两瓶饮料有什么区别吗？

B：左边这瓶有点儿（　　　），右边这瓶是甜的。

（真题 H41002 第 52 题）

A 伤心　　B 按时　　C 距离　　D 坚持　　E 耐心　　F 个子

50. 人在（　　　）难过的时候，哭一哭也许会好受一些。

（真题 H41004 第 50 题）

【正确答案】

52.D　50.A

【攻略应用】

（1）位置确定法。根据形容词在句子中出现的位置来判定：形容词前一般会由"有点儿""这么""太""特别""真""更""很"等表示程度的词或短语来修饰，形容词后一般会出现被修饰的名词或"的"字。在第52题中，出现了"有点儿"，可以判断后面应该出现形容词。

（2）成分搭配法。根据形容词在句子中充当的句子成分来判断：形容词在句子中一般充当定语修饰主语或宾语（名词），后面常会出现"的"。在第50题中，修饰形容词"难过"的往往是表示程度的副词，例如"非常"。在答案中搜索不到这样的程度副词，那么另一种可能是"……的时候"前面是一个并列结构，再根据词义判断，"伤心难过"是合适的并列搭配。

考点 4　副词

在新 HSK（四级）词汇中，副词大约有 80 多个。副词最主要的特征是出现在动词或形容词前面做状语，可表示时间、范围、程度、情态方式、语气、频度和否定等。

例 6

A 食品　　B 粗心　　C 礼貌　　D 坚持　　E 挂　　　F 完全

50. 市场调查结果和他们想的几乎（　　　）相反，他们不得不改变原来的计划。

（真题 H41003 第 50 题）

A 主动　　B 重新　　C 温度　　D 来不及　　E 严重　　F 大概

53. A：你来看看，这些表格的顺序不对吧？

　　B：对不起，是我粗心。我（　　　）打印一份给您吧。

（真题 H41005 第 53 题）

【正确答案】

50.F　53.B

【攻略应用】

（1）位置确定法。根据副词在句子中出现的位置来判断：副词修饰形容词或动词，一般出现在形容词和动词的前面。在第50题中，出现了形容词"相反"，可以判断它的前面需要搭配一个副词，在六个选项中，只有"完全"是副词，也是正确答案。

（2）成分搭配法。根据句中所缺句子成分来判断：副词在句子中一般充当状语，修饰动词。在第53题中，主语"我"跟谓语"打印"中间缺少一个状语，由此可以判定中间应该出现一个副词来做状语，再结合句义判断，最恰当的词语应是"重新"。

考点5　连词

在新HSK（四级）词汇中，大约有30多个连词。连词用来连接词、短语或小句，有一部分连词只能用来连接词或短语，如"和"；有的连词既可以连接词或短语，也可以连接小句，如"而"。在日常对话中，为了使语句连贯，常常会使用连词。

例7

A 举办　　B 可是　　C 味道　　D 坚持　　E 食品　　F 流行

47. 我本来已经打算放弃了，（　　　）他的话让我改变了主意。

（真题 H41005 第 47 题）

【正确答案】

47.B

【攻略应用】

（1）位置确定法。根据连词在句中出现的位置来判断：连词一般出现在词、短语或句子中间，起连接作用。在第47题中，两个分句都是完整的，不缺少句子成分，那么就可能是缺少连词。

（2）词义搭配法。根据固定的连词搭配来判断：大部分连词用来连接小句时，需要另一个连词或起关联作用的副词与之搭配使用，如"因为……所以……""虽然……但是……""只要……就……""只有……才……""不但……而且……""即使……也……"。

（3）排除法。如果因为有生词，使解题难度增加了，可以使用"排除法"排除部分选项。

三、实战操练

A 主意　　　B 减少　　　C 举行　　　D 包括　　　E 很

1. 根据学校通知，普通话考试将于下周日在 307 教室（　　　）。

2. 他在公司附近租了一间房子，家具（　　　）床、沙发、桌子和椅子等。

3. 这个牌子的电视机差得（　　　），刚买不到两个月就坏了。

4. 本来说好了一起去北京旅游的，他却突然改变（　　　）说不去了。

5. 塑料袋是白色污染，大家应该（　　　）塑料袋的使用。

A 联系　　　B 信心　　　C 难道　　　D 给　　　E 养成

6. A: 明天就是全市高中篮球比赛了，祝你们取得好成绩。

B: 谢谢你。我们队对这次比赛很有（　　　）。

7. A: 您好，需要我（　　　）您介绍一下我们店的菜单吗？

B: 当然。请介绍一下吧，你们都有哪些名菜？

8. A: 你平时和家里人（　　　）得多吗？

B: 多啊，每天都会上网和他们聊天，有时候还写电子邮件。

9. A: 我决定不去这家公司工作了，我想考研究生，继续学习。

B: 你（　　　）要放弃这次机会吗？这可是全国最大的食品公司之一，

放弃了有点儿可惜。

10. A: 你可真节约，一个月只用了这么少的水。

 B: 父亲从小就要求我们要（　　　）节约的习惯。

正确答案：1.C　2.D　3. E　4.A　5. B　6.B　7.D　8.A　9.C　10.E

第二部分　排列顺序

一、题型介绍

在新 HSK（四级）中共有 10 道排列顺序题（第 56—65 题），每题给出 ABC 三个句子，要求考生将这三个句子按正确顺序排列，使它们成为一段通顺的话。完成此类考题需要考生在读懂三个句子的基础上，根据汉语语句衔接规律组句成段，要求衔接自然且无语法错误。

例1

59. A 所以要想完全解决这个难题

 B 还需要找更好的办法

 C 这样做，只能暂时解决问题

（真题 H41001 第 59 题）

正确答案：CAB

排列顺序题主要考查考生对连词、代词、时间词的掌握情况，并侧重考查考生的逻辑思维能力。

二、考点与攻略

（一）攻略

排列顺序部分主要考查考生对语序及可以起连接作用的词语的掌握情况，我们将这一部分的考点归纳为两大类：①有标记排序，指有关联词语、代词、时间词、常用短语等标记；②无标记排序。根据考点，我们总结出七大答题攻略：

1. **关联词搭配法**。在复句中，起连接作用的关联词，大部分是成对出现的。我们可以根据一组关联词的内部先后顺序来确定句子的顺序。而当关联词单独出现时，可以根据其词义来确定句子的衔接顺序。

2. **代词定位法**。当句子中出现"其""这""那""他 / 她 / 它"等代词时，这个句子一定不是首句，我们可以尝试找出代词所指代的人或事物，出现该人或事物的句子一定在含有该代词的句了前。

3. **提问法**。当句子中缺少句子成分时，如缺少主语、宾语等，我们可以对这句话设置问题，如"谁？""什么？""为什么？""怎么样了？"等。一般来说，缺少主语、宾语的句子前面一定会有可以回答出"谁"或"什么"的句子，缺少原因的句子前面会有可以回答出"为什么"的句子，缺少结果的句子后面会有可以回答出"怎么样了"的句子。

4. **时间词确定法**。如果句子中出现了表示时间的词语，我们就可以通过时间的先后顺序来确定句子的顺序。一般来说，句首若出现时间词，该句就很可能位于语段的段首。

5. **短语固定法**。在实际交际中，我们往往会在句子之间插入"就是说""换句话说""更不用说""例如""总的来说""前者""后者"等短语，这些短语在句子间出现一般都会有相对固定的位置。"就是说""换句话说""更不用说""例如"等短语前面肯定会出现与下文含义相近的句子；"总的来说"一般出现在最后一句，来总结前面部分的意思；"前者""后者"可以指代前面先后提到的两个事物。

6. **语境推理法**。在无标记排序中，我们可以根据上下文语境及句子间的逻辑关系来判定句子的先后顺序，也可以根据由特殊到一般、由具体到抽象以及动作的先后顺序等一般叙事规律来确定。

7. **排除法**。一般用排除法来确定第一句。包含有第三人称代词或指示代词的句子一般不会是第一句；由成对关联词引导的后半部分一般不会是第一句；没有主语或对象语的句子一般不会是第一句。

（二）考点

下面我们来看一下上述攻略在各类考点中的具体应用。

考点1　有标记排序

（1）关联词语

关联词语由一些连词和副词充当，它们有时成对出现，有时单独出现，表现句子之间的关系。充当关联词语的连词有很多（见攻略），它们具有连接词、短语和句子的功能，可以用在第一分句或第二分句的主语前后。充当关联词语的副词主要有"就""才""又""也""都""越"等，除"越"以外，其他副词都只能位于第二分句的主语后。在新HSK（四级）排列顺序题中，主要涉及到的是连接句子的连词以及与之成对出现的副词。

这类词语多数情况下会成对出现，如"虽然……但是……"表转折关系，"不但……而且……"表递进关系，"如果……就……"表假设关系，"只要……就……"表条件关系，"因为……所以……"表因果关系，"不是……而是……"表选择关系。但有时候，在不影响理解的前提下，单个连词的使用显得更简洁，因而它们也会单独出现。

例2

60. A 这种树叶宽、厚的绿色植物

　　 B 也能给我们带来一个好的心情

　　 C 不仅可以使室内空气更新鲜

（真题 H41002 第 60 题）

62. A 甚至有人说那只是一种感觉，没有标准

　　 B 成熟的标准到底是什么

　　 C 不同人给出的答案各不相同

（真题 H41005 第 62 题）

【正确答案】

60. ACB　62. BCA

【攻略应用】

（1）掌握以下复句关系。

因果关系：因为……，所以……；因为……而……；既然……，就……；……，于是……；……，因此……

递进关系：不但／不仅……，而且／还／也／甚至还……

转折关系：虽然……，但是／可是／却／然而……；尽管……，但／但是／也……；即使……，也……；……，不过……

条件关系：只要……，就……；无论／不管……，都／也……；……，就……

假设关系：如果……，就……；即使……，也……；没有……，就没有……；……，否则……

并列关系：又……又……；也……，也……；一方面……，另一方面……

承接关系：先……，再……；先……又……；先……，然后……；一……，就……；首先……，其次……，最后……

选择关系：是……，还是……；不是……，就是……；或者……，或者……；不是……，而是……

目的关系：为了……，……；……，为的是……

让步关系：即使／就是……，也／还是……；别说……，就是……

紧缩复句：一……就；越＋动词／形容词＋越＋动词／形容词

（2）关联词搭配法。①根据三句话中出现的成对连词来判断顺序：当连词成对出现时，基本上可以判定这两句的前后顺序。在第60题中，C句和B句出现了"不仅……也……"这对连词，所以我们可以判断C句应该在B句的前面。②根据三句话中出现的单个副词的用法来判断：当副词出现时，根据该词所表示的关系，综合理解句子的意思，确定它的前一句或后一句。在第62题中，A句出现了副词"甚至"，我们知道"甚至"表示程度的进一步加深，所以不可能出现在第一句，B句是一个问句，引出话题，应该是第一句，接下来可以判断C句应出现在A句的前面。

（2）代词

代词是具有替代和指称作用的词，分为人称代词、指示代词和疑问代词等。替代人或事物名称的词是人称代词，如"我""你""他／她／它""我们""你们""他／她／它们"等；指称或区别人、事物或情况的代词是指示代词，如"这""这儿""这样""那""那儿""那样"等；表示疑问的代词是疑问代词，如"谁""什么""哪""怎样"等。在新HSK（四级）排列顺序题中，经常考查的是人称代词和指示代词。

例3

59. A 他们也会感到很幸福

　　B 即使只是陪他们吃吃饭、聊聊天

　　C 有空你应该多回家看看爸妈

61. A 后来这成了一个笑话，大家经常拿来开玩笑

　　B 飞机起飞时，我一直抱着前面的椅子不放

　　C 我第一次乘坐飞机的时候心里害怕极了

（真题 H41005 第59题、61题）

【正确答案】

59.CBA　　61.CBA

【攻略应用】

（1）代词定位法。①根据人称代词出现的位置来判断：一般来说，句

中包含有第三人称代词的句子不会是第一句，因为代词的指称功能必须有所指才能成立，大多数都是指称前面已经出现过的人。在第59题中，A句和B句中的"他们"应该指的是C句中的"爸妈"，所以A句和B句应该出现在C句之后。②根据指示代词出现的位置来判断：指示代词和人称代词一样，一般也不会是第一句，同样因为它的指称功能必须有所指才能成立，大多数都是指称前面已经出现过的事。在第61题中，A句中出现的"这"应该指的是B句和C句中所讲的事，所以可以判定A句应该在B句和C句之后，再根据时间词（见下一个考点），判断C句应该在B句之前。

（2）关联词搭配法。在第59题中，在使用代词定位法判定A句和B句出现在C句的后面之后，再根据关联词"即使……也……"来判定A句和B句的先后顺序。

（3）时间词

时间词是指表示时间的词语，能放在"在""到""等到"后面做宾语，并且能用"这个时候""那个时候"来指称。在新HSK（四级）排列顺序题中，时间词经常出现，表现事件发生的先后顺序。

例4

62．A 我儿子的个子长得非常快

B 今年春天就有很多不能穿了

C 去年春天打折的时候我给他买了几件衣服

（真题 H41001 第62题）

61．A 就受到人们的普遍欢迎

B 当时的人们没想到它会给环境带来严重的污染

C 100年前，塑料一出现

（真题 H41002 第61题）

【正确答案】

62.ACB　　61.CAB

【攻略应用】

（1）时间词确定法。①根据时间的先后顺序来判断：在讲述一件事情时，往往会按照时间的先后顺序进行，如"过去—现在—将来""去年—今年—明年""昨天—今天—明天"等。在第62题中，B句中出现了"今年春天"，C句中出现了"去年春天"，此时我们就可以判定C句应该在B句之前，再根据简单的逻辑推理（见下一考点），A句是话题的引入，应该是第一句。②时间词一般放在语段的开始：在讲述一件事情的时候，往往会先提到时间、人物、地点等，出现时间词的句子应为第一句。在第61题中，C句中出现了"100年前"，这个时间词应该出现在第一句，接下来再根据关联词"一……就……"，判断A句应该在C句之后。

（2）关联词搭配法。在第61题中，根据时间词"100年前"判定C句应该出现在第一句，再根据关联词"一……就……"，判断A句应该紧接在C句之后。

（4）常用短语

在实际交际中，我们时常会使用一些短语，来解释、列举、总结或呼应自己所说过的话，如"就是说""换句话说""更不用说""例如""总的来说""前者""后者"等。在做排列顺序题时，我们可以根据这些短语来确定句子的顺序。

例5

56. A 做事情往往需要照顾大的方面

　　B 而放弃掉"森林"

　　C 换句话说，就是不要仅仅为了一棵"大树"

（真题 H41002 第 56 题）

63．A 人就容易梦到什么内容

B 例如，一个人脚冷时就可能会梦见在雪地里行走

C 晚上睡觉时，身体感觉到什么

（真题 H41003 第 63 题）

【正确答案】

56．ACB 63．CAB

【攻略应用】

（1）短语固定法。①根据出现的短语性质来判断：在第 56 题中，出现了"换句话说"，这一短语的出现表明，前面应该有一句跟后一句话意思相近的句子，可以判定 C 句不会是第一句，可能是第二句。在第 63 题中，"例如"表示列举，常常用来解释前面所讲的事情，一般不会是第一句。②常用的解释性短语还有"就是说"，一般出现在第二句中；列举性短语还有"如"；表比较的短语有"更不用说"；总结性短语有"总的来说"，一般放在最后一句；表前后呼应的短语有"前者……，后者……"。

（2）关联词搭配法。在第 56 题中，运用短语固定法判定 C 句不可能是第一句后，再根据 B 句中出现了表转折的连词"而"，判断它不可能出现在第一句中，所以 A 句应该是第一句。在 63 题中，首先根据时间词"晚上睡觉时"，可以判定 C 句为第一句，再根据 A 句中的副词"就"说明它与前一句有顺承关系，排列第二，B 句为第三句。

考点 2　无标记排序

人们所说的话都是人脑思维的具体体现，都具有逻辑性，一般会先提出话题，然后就这一话题展开讨论，所以有时即使没有使用具有标记性作用的关联词语，也可以判断句子的先后顺序，常见的叙述顺序有：动作发生的先后顺序、从高到低的观察顺序、从具体到抽象的认知顺序等。在新 HSK（四

级）排列顺序题中，也会经常出现没有任何关联词语或时间标记的一组句子。

例6

64．A 河水不深，非常清

B 我记得，以前村子的旁边有一条小河

C 清得可以看见河底的水草和成群的小鱼

（真题 H41002 第 64 题）

59．A 就好像站在镜子前面，看镜子里面的人

B 尊重别人的人，同样也会受到别人的尊重

C 你热情他也热情，你友好他也友好

（真题 H41004 第 59 题）

【正确答案】

64．BAC　59．BAC

【攻略应用】

（1）语境推理法。①根据三个句子中的相关词语得出顺序：一段话中常常会有一些词语环环相扣，以显示句子间的逻辑关系。在第64题中，B句提到了"小河"，A句提到"河水清"，C句提到"可以看见河底的小鱼"，"小河""河水""非常清""清（得）"等都是相关词语，一步一步地描述了小河的清澈。②根据某一句的意思，推测下一句。在第59题中，A句提到了"站在镜子前面，看镜子里的人"，我们知道，镜子外面的人怎么样，里面的人就怎么样，所以下一句是C句"你热情他也热情，你友好他也友好"。

三、实战操练

1．A 塔拉尔的汉语说得不是很好

B 可是他只是在家里自己学习，很少跟别的学生交流

C 虽然他学习很努力

2. A 发传真的时候要注意

B 等听到一声"嘟"的声音时，再按"开始"键

C 先要拨通对方的电话，告诉对方你要给他发传真

3. A 不同的动物也有各自的语言

B 人与人之间的交流是通过语言进行的

C 这些动物语言有声音语言，也有肢体语言

4. A 雨后的早晨小草也变绿了

B 昨夜下雨了

C 它散发出来的香味让人陶醉

5. A 由此可以看出，是科技改变了我们的生活

B 现在很方便了，可以打电话、发信息或者发电子邮件

C 以前想要和人联系，一般用写信的方式

> 正确答案：1.ACB　2.ACB　3.BAC　4.BAC　5.CBA

第三部分　阅读理解

一、题型介绍

　　在新 HSK（四级）中，这一部分才是传统意义上的阅读理解题，共有二十道（第 66—85 题）。其中第 66—79 题，每题的阅读材料一般只有一到两句话，每段文字后有一个问题。第 80—85 题，每题的阅读材料一般在 120字左右，每段文字后有两个问题。这部分的总字数在 1500 字左右，需要的时间约为 20 分钟，要求考生的阅读速度能达到 100 字/分钟左右。

例1

69．有些人喜欢不停地换工作，他们总以为新工作一定比现在的好。实际上，一般情况下，完全适应一个新的工作需要一年时间，因此，经常换工作不一定好，根据自己的条件，把一份工作坚持做到最好才是正确的选择。

★ 有些人经常换工作是因为他们：

A 极其努力　　　B 非常得意　　　C 工作不愉快　　　D 相信新工作更好

（真题 H41001 第 69 题）

80—81．

世界上第一部无声电影出现的时候，吸引了成千上万的观众。有个女观众看到电影中有一辆马车向自己跑过来，害怕得离开了座位，跑得远远的，直到那辆马车在画面中不见了，她才回到座位上。有的观众看到电影里下雨的画面，把自己的雨伞也打了起来。现在我们都觉得挺好笑的，但是看电影在当时确实是个新鲜事儿。

★ 世界上第一部无声电影：

A 很幽默　　　B 不成功　　　C 观众很多　　　D 内容复杂

★ 那个观众为什么要打伞？

A 误会了　　　B 下雨了　　　C 风太大　　　D 害怕马车

（真题 H41001 第 80-81 题）

正确答案：69.D　80.C　81.A

阅读理解是一项综合性的技能测试，它不仅要求考生拥有很强的理解力，还要求考生达到一定的阅读速度。这一部分主要考查考生的词汇量、语法知识、背景知识以及阅读技巧和方法。

二、考点与攻略

（一）攻略

阅读理解部分主要考查考生对句子及短文的理解能力，要求考生在有限的时间内完成阅读并迅速找出或归纳出相应问题的答案。阅读理解部分的题目大概可以分为两类：细节题和主旨题。我们总结出六大答题攻略。

1.**略读法**。先读问题，浏览选项，再快速阅读短文，找出与问题相关的语句，最后锁定答案。

2.**精读法**。每一套题中总会有略读法所不能解答的问题，此时就必须选择精读法。精读即一字一句地阅读短文，理解全文意思后再找出蕴含在其中的答案。

3.**验证法**。做阅读理解题时一定要客观，不能主观地猜测答案，答完题后，一定要再回到短文中，验证答案。

4.**主旨句确定法**。主旨句经常会被考到。主旨句是一篇文章的中心句或主题句，一般起到概括全文的目的，是文章的中心所在。确定主旨句时切忌盲目选择，主旨句一定要能代表全文的中心或主题。一篇短文的主旨句通常是短文的第一句或最后一句，因为这样能使文章的主题更加鲜明，能够更有效地帮助读者概括全文。

5.**关键词标记法**。在阅读短文时，可以适当地在答案相关的关键词下面作标记，以便验证答案时省时省力。

6.**排除法**。当提问方式为"下列哪项不符合……""下列哪项是错误的""下列哪项文章中没有提到"等时，考生可以排除在短文中能够得到验证的选项，剩下的选项就是正确答案。或者如果 ABCD 四个选项中出现了自己不认识的词语，此时也可运用排除法帮助解题。

（二）考点

下面我们来看一下上述攻略在各类考点中的具体应用。

考点1　细节

细节题是指提出的问题考查短文中的一个细节，如跟事件有关的人物、地点、时间、经过、原因、结果、目的、方式等，这类题的答案一般都能在短文中直接找到，有的时候就是短文中的原句，有的时候是跟短文中原句意思相近的句子。

例2

70．我喜欢读这份报纸，因为它的内容丰富，而且广告少，最重要的是，经济方面的新闻对我的工作很有帮助。

★　他喜欢这份报纸的原因之一是：

A 免费　　　　　B 价格低　　　　C 广告少　　　　D 笑话多

（真题 H41001 第 70 题）

73．晚上，我刚刚躺下，就响起了敲门声。一猜就知道是和我一起租房的那个人又没带钥匙。他好像特别马虎，虽然每次都红着脸向我说抱歉、打扰了，可过不了几天，就又能听到他的敲门声了。

★　敲门的那个人怎么了？

A 生病了　　　　B 走错门了　　　C 工作太忙　　　D 忘拿钥匙了

（真题 H41002 第 73 题）

【正确答案】

70.C　　73.D

【攻略应用】

（1）略读法：读问题，浏览选项，略读短文，锁定答案。阅读部分一共 40 道题，时间 40 分钟，一分钟一道题，时间比较紧，采用"先读问题，后看短文"的方法可以帮助考生很快抓住短文要点，节省时间。在第 70 题中，问到的是原因，那么我们略读短文以后，发现原因有三个："内容丰富""广告少""经济方面的知识对我的工作有帮助"，所以应该选择 C。在第 73

题中，问到的是事情的结果，略读短文后发现是"没带钥匙"，这时需要找四个选项中与"没带钥匙"意思相近的句子，所以选 D。

（2）验证法：选择的每一个答案都要能在短文中找到依据，尤其是细节题，答完后一定要回到原文中验证一下答案。

（3）排除法：如果 ABCD 四个选项中出现了自己不认识的词语，也可运用排除法帮助解题。当问题以否定方式提出时，考生可以排除在短文中能够得到验证的选项，剩下的选项就是正确答案。

考点 2　主旨

主旨题是指要求考生在理解短文大意的基础上作答的问题。主要考查考生对短文意思的领悟和概括能力。这类问题的答案一般不直接出现在短文中，需要考生根据短文的大意自己总结。但有时短文的第一句或最后一句会对短文主旨进行概括。

例 3

79．什么是真正的朋友？有些人觉得就是能和自己一起快乐的人，其实朋友应该像镜子，能帮你看清自己的缺点；无论你成功或者失败，永远都支持你。

★ 这段话主要谈：

A 谁能成功　　　B 学会改变　　　C 怎样支持朋友　　D 什么是真朋友

（真题 H41001 第 79 题）

78．经济、社会、科学、教育等各方面的变化，都会对一个国家的发展产生极大的影响，但是其中起关键作用的应该还是教育。

★ 这段话主要谈的是：

A 社会的管理　　B 国家的历史　　C 教育很重要　　　D 科技的发展

（真题 H41004 第 78 题）

84—85.

一个年轻人问富人怎么才能赚更多的钱。富人拿出3块大小不同的西瓜说："如果西瓜的大小代表钱的多少，你选哪块？"年轻人想都没想就拿了最大的一块。而富人自己吃了最小的一块。很快富人就吃完了，又拿起最后一块西瓜吃起来，一边吃一边说："还是我吃得多吧。"年轻人突然明白了，只看眼前一定会输掉更多。

★ 富人为什么选小块西瓜？

A 他饱了　　　B 他懂礼貌　　　C 离他最近　　　D 有机会吃到第3块

★ 这个故事想说明什么？

A 先苦后甜　　B 别羡慕富人　　C 别只看到眼前　　D 速度是最重要的

（真题 H41004 第 84—85 题）

【正确答案】

79.D　　78.C　　84—85.DC

【攻略应用】

（1）主旨句确定法。①主旨句提示了一篇文章的中心或主题，一般起到概括全文的作用。一篇短文的主旨句通常会是短文的第一句或最后一句。在第79题中，第一句"什么是真正的朋友？"就是主旨句，所以选择 D。在第78题中，最后一句"起关键作用的应该还是教育"是主旨句，也就是说"教育很重要"，所以选择 C。②从故事中提取中心思想，一般要看短文的最后一句，因为最后一句往往是点睛之笔。在第85题中，前面讲述了一个故事，在故事的结尾处，提到了这个故事告诉我们的道理，"只看眼前一定会输掉更多"的意思就是"别只看眼前"，所以选择 C。

（2）精读法。故事类的阅读材料，一般需要采用精读法，必须理解整个故事后，才可以做出正确的选择。在回答第84题时，我们需要一句一句地把整个故事读完后，才能知道富人是想把小块西瓜吃完后再吃剩下的一块，所以选择 D。

（3）关键词标记法。阅读较长的短文时，可以在关键词下面做个标记以免验证答案时找不到。

三、实战操练

1.本杰明是个马大哈，他经常忘记应该做什么。昨天他坐公共汽车去火车站接女朋友，在那里等了三个小时，可是他的女朋友在哪里呢？她在机场里等他呢。

★ 女朋友怎么来的？

A 坐火车　　　　B 打的　　　　C 坐公共汽车　　　　D 坐飞机

2.朋友们都认为他是个很成功的人，有车、有房、有钱而且有名；但是他并不这样认为，每当想起自己为了工作而不得不离开家，不能和家人在一起时，他就会觉得很对不起他们。

★ 对他的家人，他觉得怎么样？

A 得意　　　　B 抱歉　　　　C 烦恼　　　　D 难过

3.网站就像一个电子通知栏。很多人都有自己的网站。你可以将自己的日记或文章、旅游照片等放在网站上，让更多的人可以了解你，跟你交流，与你联系。

★ 这段话主要说：

A 网站是什么　　B 谁有网站　　C 网站的作用　　D 网站上有什么

4.我很喜欢体育运动，比如打羽毛球、踢足球、跑步、游泳等。但是我学习不好，这让妈妈感到非常失望。去年暑假，老师们希望我代表学校去北京参加羽毛球比赛，妈妈知道后坚决反对，她说学生的任务就是学习，其他的都不重要。老师们解释了四五天，她才同意。比赛那天，我以30:14的好成绩得到了第一名。当观众们鼓掌向我表示祝贺时，我哭了，我希望妈妈能够明白，学习不优秀的孩子同样能够成功。

★ 妈妈希望我怎么样？

A 不要去比赛　　B 得第一名　　C 做体育明星　　D 学习优秀

★ 从这段话我们可以知道

A 学习最重要　　　　　　B 要尊重孩子

C 每个人都可以成功　　　D 不要让妈妈失望

5. 一年四季中，我最喜欢春天和夏天。春天的时候，花儿开了；树叶绿了；小鸟儿醒了，在公园里、花园里、森林里到处唱歌跳舞。天气也变得暖和、湿润起来，很适合散步、爬山、旅游。夏天是放暑假的时候，不需要去上课，也不用担心迟到、考试，想睡就睡，每天都是周末。而且，夏天可以游泳。去年，我报名参加了留学生游泳比赛，还得了第一名呢。秋天和冬天我不喜欢，因为我总是感冒。

★ 根据短文，"我"可能最喜欢什么？

A 散步　　　　B 爬山　　　　C 游泳　　　　D 旅游

★ 根据短文，"我"可能是个什么样的人？

A 认真　　　　B 努力　　　　C 优秀　　　　D 有点儿懒

正确答案：1. D　2. B　3. A　4. DC　5. CD

第三章　书写

新 HSK（四级）书写分为两部分。

第一部分完成句子。每题给出几个词或短语，要求考生按照一定的汉语语法结构规则将这些词或短语组合成一个意思完整、无语法错误、通顺的句子。

第二部分是看图造句。每题提供一张图片和一个词语，要求考生结合图片，用所给词语写一个句子。

完成句子 10 题，看图造句 5 题，共 15 题，时间 25 分钟，平均每道题 1.66 分钟。考生需要在这 1.66 分钟内完成阅读题目、句子构思及汉字书写三个步骤。可见，书写部分对汉字的书写速度也提出了较高的要求，这是顺利完成书写部分的基础。

第一部分　完成句子

一、题型介绍

完成句子部分共有 10 道题（第 86—95 题）。每题提供 4—5 个零散、错序的词或短语，要求考生根据汉语句法结构规则把这几个词或短语组合成一个意思完整、无语法错误、通顺的句子。

例 1

86．会弹钢琴的人　　羡慕　　很　　她

87．亚洲经济的　　正在　　逐渐　　提高　　增长速度

88．专为老年人　　提供的　　这椅子　　是

（真题 H41001 第 86—88 题）

【正确答案】

86．她很羡慕会弹钢琴的人。

87．亚洲经济的增长速度正在逐渐提高。

88．这椅子是专为老年人提供的。

这部分试题主要考查考生对句子的基本结构和语序的掌握情况以及对连动句、比较句、把字句、被动句等特殊句式的掌握情况。

二、考点与攻略

（一）攻略

完成句子部分主要考查考生对汉语语序及句式的掌握情况，我们把完成句子部分的考点归纳为两大类：①一般句式：汉语常规语序、汉语所特有的语法结构；②特殊句式：兼语句、双宾句、比较句、"把"字句、被动句、"连"字句、"是……的"结构。根据考点，我们总结出四大答题攻略。

1．**语序确定法。**汉语的常规语序是：定语＋主语＋状语＋谓语＋（得）＋补语＋定语＋宾语。一般而言，主语和宾语由名词或名词性短语充当（其中需要特别注意人称代词也可充当主语和宾语），谓语由动词或动词性短语、形容词或形容词性短语充当，状语由副词充当，定语由形容词充当。考试时，要善于借助词性确定句法成分，抓主干，添枝叶，即先确定主谓宾，再添加定状补。

2．**标志词确定法。**句子中的一些标志词，如助词"的""得""地"，对确定语序很有帮助。若出现"的"，前面一般是形容词或代词，后面是名词；出现"得"，要么前面是动词，后面是形容词做补语，要么前面是形容词，后面是程度副词做补语；出现"地"，前面一般是形容词做状语，后面是动词做谓语。

3．**控制变量法。**当分不清主语和宾语时，可先确定谓语，再确定主语和宾语；当谓语确定不了时，可先确定主语和宾语，再确定谓语。

4. **句式套用法。** 汉语中的特殊句式有很多，一般会有相应的标志词，如"把""被""比""让""给""是……的""难道""连"等，出现这样的词语后，可以套用相应的句式来完成句子。

（二）考点

下面我们来看一下上述攻略在各类考点中的具体应用。

考点 1　一般句式

（1）汉语常规语序

一般句式是指简单的由主谓宾构成的句子，我们只要掌握句子成分之间的排列顺序即可顺利解题。

例 2

92. 工具书　　是　　一本　　现代汉语词典

（真题 H41005 第 92 题）

93. 马上　　结束了　　就要　　这场足球赛

（真题 H41003 第 93 题）

88. 很详细　　这个传真机的　　写　　得　　说明书

（真题 H41003 第 88 题）

【正确答案】

92. 现代汉语词典是一本工具书。93. 这场足球赛马上就要结束了。88. 这个传真机的说明书写得很详细。

【攻略应用】

（1）语序确定法。先确定主谓宾，再添加定状补。第 92 题是一个典型的主谓宾句式，主语是"现代汉语词典"，谓语是"是"，宾语是"一本工具书"。当然，在一般句式中，并不是一定要同时包含主谓宾三大句子成分，常见的还有只包含主语和谓语的句子。第 93 题就是一个典型的无宾语句。主语是"这场足球比赛"，谓语是"结束了"，状语是"马上就要"。

（2）标志词确定法。可以利用句子中的一些标志词，如助词"的""得"

"地"，来确定语序。在第88题中，出现了"的""得"，我们可以判断"的"后面应该是名词"说明书"，"得"前面是动词"写"，后面是形容词性短语"很详细"做补语。

（2）汉语所特有的语法结构

在汉语中词性和句法成分不是一一对应的。在句子中，充当主语和宾语的不一定是名词或名词性短语，也可以是动词或动词性短语；充当谓语的不一定是动词或动词性短语，也可以是形容词或形容词性短语，甚至是名词或名词性短语。

例3

90．语言表达能力　　经常阅读报纸　　提高　　能

（真题 H41002 第 90 题）

94．代表们　　结束　　会议　　决定

（真题 H41001 第 94 题）

89．下雨　　很湿润　　后　　空气

（真题 H41004 第 89 题）

【正确答案】

90. 经常阅读报纸能提高语言表达能力。94. 代表们决定结束会议。89. 下雨后空气很湿润。

【攻略应用】

（1）控制变量法。①当分不清主语和宾语时，可先确定谓语，再确定主语和宾语。充当主语成分的除了名词或名词性短语，还有动词或动词性短语。在第90题中，有两个成分可以做主语："语言表达能力""经常阅读报纸"。一个是名词性短语，一个是动词性短语。此时由于谓语动词"提高"可以与"能力"搭配，所以应该是"提高语言表达能力"，主语应该是动词性短语"经

常阅读报纸"。②当谓语确定不了时，可先确定主语和宾语。在第 94 题中，动词"结束"和"决定"都可做谓语，名词"代表们"和"会议"都可以做主语和宾语。显然这个句子应该是"主语＋谓语＋宾语"的形式，此时我们分析动词"决定"的主语应该是人，"结束"的主语可以是人，也可以是事件，而当"结束"的主语是事件时，多数情况下是不带宾语的（如"比赛结束了"），所以我们可以判定主语应该是"代表们"，宾语是"会议"。宾语"会议"与动词"结束"更紧密，组成动词性短语做宾语。谓语应该是"决定"。

（2）语序确定法。形容词可做谓语。在第 89 题中，"下雨后"表时间，一般放在句首，名词"空气"做主语，形容词性短语"很湿润"做谓语。

考点 2　特殊句式

除了一般句式，汉语中还有一些特殊句式。新 HSK （四级）常考的有：兼语句、双宾句、比较句、"把"字句、被动句、"是……的"结构、反问句、存现句。

例 4

93．请假休息　　重感冒　　让他　　不得不

（真题 H41002 第 93 题）

95．告诉他　　答案　　你　　最好　　别

（真题 H41002 第 95 题）

89．打针　　好　　比吃药　　效果

（真题 H41005 第 89 题）

87．这次机会　　把　　教授　　竟然　　放弃了

（真题 H41004 第 87 题）

88．专为老年人　　提供的　　这椅子　　是

（真题 H41001 第 88 题）

94．不知道　　难道你　　连这个规定　　都

（真题 H41003 第 94 题）

【正确答案】

93. 重感冒让他不得不请假休息。95. 你最好别告诉他答案。89. 打针比吃药效果好。87. 教授竟然把这次机会放弃了。88. 这椅子是专为老年人提供的。94. 难道你连这个规定都不知道？

【攻略应用】

句式套用法。使用这一方法解题，需要先掌握一些特殊句式的一般结构。

兼语句：主语＋谓语$_1$＋兼语＋谓语$_2$。能出现在谓语$_1$的位置的动词一般有"让""交""派""逼""令""使""叫""要求""请"等。第 93 题中出现了"让"，我们可以预设它是一个兼语句，谓语$_1$是"让"，谓语$_2$是"请假"。可以得出答案：重感冒让他不得不请假休息。

双宾句：主语＋谓语（给予动词）＋宾语$_1$（接受者）＋宾语$_2$（给予的东西）。常见的给予动词有"给""送""借""还""买""卖""教""问"等。在两个宾语中，接受者在前面，给予的东西在后面。第 95 题中"告诉"是一个典型的给予动词，后面的宾语$_1$（接受者）是"他"，宾语$_2$（给予的东西）是"答案"。可以得出答案：你最好别告诉他答案。

比较句：A＋比＋B＋形容词。比较句有很多种形式：① A＋比＋B＋更／还＋形容词；② A＋比＋B＋形容词＋一些／一点儿；③ A＋比＋B＋形容词＋得多；④ A＋没／没有＋B＋形容词；⑤ A＋不如＋B＋形容词。第 89 题中出现了"比"，说明这个句子是一个比较句，A 是"打针"，B 是"吃药"，"吃药"与"比"相连。我们可以得出答案：打针比吃药效果好。

"把"字句：主语＋把＋动作对象＋谓语。常见的形式有：① A＋把＋B＋动词＋补语（我把鸡蛋打破了）；② A＋把＋B＋动词＋得＋补语（他把音量调得很大）。第 87 题中出现了"把"，说明这个句子是一个"把"字句。谓语是"放弃"，动作对象是"这次机会"，主语是"教授"，我们得出答案：教授竟然把这次机会放弃了。

被动句：主语（动作对象）＋被＋宾语（做动作的人或物）＋谓语＋其他成分。谓语后面有时也会跟补语，如："鸡蛋被我打破了""音量被他调得很大"。有时"被"字后面的宾语可以不出现，如：鸡蛋被打破了。除了"被"字可以出现在被动句中，"叫""让""由"等也可以出现在被动句中，它们都是被动句的标志。

"是……的"结构：主语＋是＋时间／地点／方式／目的／对象＋动词＋的。如果题中有"是……的"结构，先把剩下的词语组成句子，然后把"是"放在这个句子中表时间、地点或方式的词语前，"的"放最后。第88题中出现了"是……的"，可以判定为此结构。先把剩下的词语组成一句话"这椅子专为老年人提供"，然后把"是"放入该句中需要强调的部分前（通常在主语后面），"的"放在句末，得出答案：这椅子是专为老年人提供的。

反问句：反问句是疑问句中的一种，不需要回答，只是用疑问句的形式强调肯定或否定，与陈述句相反，反问句的肯定形式表示否定，如："难道你知道这件事？"（你应该不知道这件事）。反问句的否定形式表示肯定，如："难道你没看过这个电影？"（你应该看过这个电影）。在考题中，如果出现了"难道"，就应该判定该句是一个反问句，排序为：难道（或在主语后面）＋主语＋动词＋宾语。在第94题中，出现了"难道"，我们可以判定它为反问句，把"难道"放在句首，剩下的词语组成句子为"你连这个规定都不知道。"

"连"字句："连"字句是指包含"连……也／都……"结构的句子，它可以是复句，也可以是单句。第94题中"连这个规定都不知道"就属于"连"字句。

存现句：表示人或物的存在或出现，多用于对客观事物的描述，句中宾语是未知信息，是不确指的。基本句型为"处所词＋动词＋助词／补语＋名词"。出现处所词时，可以考虑此句型。

掌握了一些特殊句式的一般结构之后，在答题时要注意观察标志词，如"把""被""比""让""给""是……的""难道""连"等，如果题中出现标志词，则迅速判断该句子的句式，对号入座。

三、实战操练

1. 去　叫我　篮球　打　小李
2. 的　从　是　来　美国　我
3. 偷　我的　被　包　走了　小偷
4. 低　气温　广州　比　不　北京的
5. 今天的　把　拿　报纸　来了　我
6. 玫瑰花　他　女朋友　送给　一朵
7. 你　还不会　难道　邮件　发

【正确答案】

1. 小李叫我去打篮球。
2. 我是从美国来的。
3. 我的包被小偷偷走了。
4. 北京的气温不比广州低。
5. 我把今天的报纸拿来了。
6. 他送给女朋友一朵玫瑰花。／女朋友送给他一朵玫瑰花。
7. 难道你还不会发邮件？／你难道还不会发邮件？

第二部分　看图造句

一、题型介绍

看图造句部分共有5道题（第96—100题）。每题提供一张图片和一个词语，要求考生结合图片，用所给词语写一个句子。

例 1

97. 汗 _____

（真题 H41002 第 97 题）

98. 破 _____

（真题 H41001 第 98 题）

100. 讨论 _____

（真题 H41003 第 100 题）

98. 朵 _____

（真题 H41004 第 98 题）

【参考答案】

97. 玛丽跑完步后流了很多汗。98.（真题 H41001）鸡蛋被打破了。100. 两位工人正在讨论大楼的建设情况。98.（真题 H41004）这朵莲花非常漂亮。

看图造句题给出的词语主要有名词、动词、形容词和量词。主要考查考生对新 HSK（四级）大纲中主要词汇的掌握情况和运用能力。完成该部分题目不仅要求考生具备写作能力，还要求考生具备一定的想象力和逻辑思维能力。

在看图造句这部分题中，图片一般会显示某样事物或者某个动作。考生在做题时，要尽量利用图片，因为出题者提供图片，不是为了对考生的表达加以限制，相反，是希望给予帮助和提示。因此，考生不必要将图片中的所有信息都表达出来，只要尽量利用图片，造出符合语法规则的简单句子即可。也可以在保证写出的句子正确的前提下，适当将句子加长。

二、考点与攻略

（一）攻略

看图造句部分主要考查考生对词汇的掌握情况和对图片的描述能力。我们把看图造句部分的考点分为两大类：①词语：名词、动词、形容词、量词；②图片：静态图片、动态图片。为了把考点分析得更详尽，我们分别对词语和图片进行介绍，但在实际解题时，词语与图片两者是密不可分的，必须将两者结合起来才能写出满意的答案。根据考点我们总结出四大答题攻略。

1. **联想法**。根据给出的词语联想出与之相搭配的词语，如果给出的是名词，就要根据图片联想出与之搭配的动词；如果给出的是动词，就要根据图片联想出与之相搭配的名词；如果是形容词，就要根据图片联想出被该形容词所修饰的名词。

2. **句式套用法**。有了词语和图片，考生可以选择恰当的例句或句式来模仿，如国家汉办官网公布的每套真题看图造句部分的例句是"她很喜欢打乒乓球"。备考时，考生也可以自己总结出一些经典的例句，也可以套用一些常见句式，如比较句、"把"字句、被动句、"是……的"结构、反问句等。

3. **语序组织法。** 首先仔细观察题目给出的图片，结合题目所给词语，从图片中寻找尽量多的信息，包括人物、事物、动作、表情、状态、色彩等，用词语逐一表示出来，再找出图片信息与题目给出词语之间的联系，最后根据汉语语序规则完成组词造句，写出符合语法和逻辑的句子。

4. **标点的使用。** 每一句话的结尾处都必须有标点，单句后面的标点一般是：句号（。）、问号（？）、感叹号（！）。句号用在陈述句中，问号用在疑问句中，感叹号用在感叹句中。在看图造句部分，考生可能容易忘记加标点，这样的失误一定要避免。

（二）考点

下面我们来看一下上述攻略在各类考点中的具体应用。

考点 1　词语

看图造句题给出的词语主要有四类：名词、动词、形容词、量词。这四类词语比较容易与图片搭配，词义容易被图像化描述。形容词除了可以做定语和谓语，在适当的条件下还可以做状语（形容词＋地＋动词）。

例 2

96.　　　　　日记　　　　_____

（真题 H41001 第 96 题）

99.　　　　　激动　　　　_____

（真题 H41003 第 99 题）

96. 收拾 _____

（真题 H41003 第 96 题）

98. 朵 _____

（真题 H41004 第 98 题）

【参考答案】

96.（真题 H41001）她每天都坚持写日记。99. 这个消息让他非常激动。

96.（真题 H41003）她每天都要收拾房间。98. 这朵花又大又漂亮。

【攻略应用】

（1）联想法。①如果给出的词语是名词，那么考生可以联想一下常与其搭配的动词有哪些，然后再根据图片选出恰当的动词。如第96题（真题 H41001），给出的词语是"日记"，与"日记"经常搭配的动词有"写""看""读""整理"等，图片中显示一位女士手里拿着铅笔，可以推测"她在写日记"。如果觉得句子太短，可以适当加长，添加修饰成分。如"她每天都坚持写日记""她在想今天的日记写什么""她很喜欢写日记"等。②如果给出的词语是形容词，那么考生可以根据图片中描述的情景，联想一下该形容词所修饰的名词是什么。如第99题，给出的词语是"激动"，而图片中有一位男性正在打电话。那么可以说"他打完电话后很激动"，有时形容词在加"地"后可以用做状语，因此也可以说"他激动地拿起了电话""打完电话后，他激动地给大家说了这个消息"等。

（2）句式套用法。在造句的时候，考生可以根据实际情况套用例句或一些特殊句式。如第96题（真题H41003），考生可以模仿看图造句部分的例句"她很喜欢打乒乓球"，写出句子"她很喜欢收拾房间"。或者套用一些特殊句式：比较句、"把"字句、被动句、"是……的"结构、反问句等，写成"她把房间收拾得很干净""屋子被她收拾得很整齐"等，总之，考生可以根据实际情况选择相应的句式。

（3）标点选用。写完句子以后一定不能忘记加标点符号。句号用在陈述句中，问号用在疑问句中，感叹号用在感叹句中。如第98题，我们可以结合给出的量词和图片造出不同的句子，如："这朵花很美。""这朵花多么漂亮啊！""难道这朵花不漂亮吗？"等等。句末使用的标点符号也就各不相同。

考点 2　图片

在看图造句部分中用到的图片，内容各种各样，我们把它们分为静态图片和动态图片两大类。静态图片一般描述的是一个景色或者实物，可以出现人物，也可以不出现人物，即便出现人物，人物也是静止的、无动作的；而动态图片则描述的是一个人的动作或一个人正在做的一件事情。

例3

97.　　　京剧　_____

（真题 H41004 第 97 题）

98.   挂 _____

（真题 H41002 第 98 题）

【参考答案】

97. 京剧一直很受欢迎。98. 他想把画挂在墙上。

【攻略应用】

（1）句式套用法。静态图片一般需要我们描述一个事物或一个人，用到的句式一般有"这是……""……是……"等。第97题中的图片就是一个静态图片，我们可以说"京剧是中国文化的一部分""京剧是一门艺术"等。动态图片需要我们描述一个动作，用到的句式一般有"……正在……""……在……""动词＋着"。第98题中的图片是一个动态图片，可以说"他正在挂一幅画""他在往墙上挂这幅画"等。

（2）语序组织法。仔细观察图片，结合所给词语，从图片中寻找信息，再根据汉语语序规则完成句子。如第98题，从图片中不难得出"一个""男人""画儿""想""墙上"等信息，结合所给动词"挂"，可知"男人"是主语，"画儿"是宾语，按照汉语语序规则可以说"这个男人想把画儿挂在墙上"。

三、实战操练

 1. 寄

 2. 保护

 3. 危险

 4. 出差

 5. 认真

【参考答案】

1．他正在寄信。

2．我们要保护环境／地球。

3．开车时打电话很危险。

4．这位先生在出差的路上。

5．他们正在认真准备明天的会议。

新汉语水平考试

HSK（四级）模拟试卷①

注　意

一、HSK（四级）分三部分：

　　1．听力（45题，约30分钟）

　　2．阅读（40题，40分钟）

　　3．书写（15题，25分钟）

二、听力结束后，有5分钟填写答题卡。

三、全部考试约105分钟（含考生填写个人信息时间5分钟）。

一、听 力

第 一 部 分

第 1—10 题：判断对错。

例如：我打算暑假去成都旅游，不知道你有没有时间。如果有时间，我们可以一起去吗？

　　★ 他打算去成都旅游。　　　　　　　　　　　　（ ✓ ）

　　我现在很少去教室自习，不是我不想去，而是因为最近天气不好，天天下雨，我觉得去教室自习很麻烦。

　　★ 他现在经常去教室自习。　　　　　　　　　　（ × ）

1．★ 妈妈每天都给我布置课外作业，我到现在都习惯不了。　（　）

2．★ 杰克是学校的志愿者。　　　　　　　　　　　　（　）

3．★ 我已经过了 18 岁了。　　　　　　　　　　　　（　）

4．★ 女朋友做的番茄炒鸡蛋，难吃极了。　　　　　　（　）

5．★ 在学校打印店打印 700 张，要花 49 元。　　　　（　）

6．★ 导游花钱给我买了一把蒙古刀。　　　　　　　　（　）

7．★ 马克的父母不反对他和女朋友交往。　　　　　　（　）

8．★ 符合公司标准的材料有 225 份。　　　　　　　　（　）

9．★ 留学生们在超市里举行足球比赛。　　　　　　　（　）

10．★ 娜娜答应每天去医院看奥迪一次。　　　　　　　（　）

第二部分

第 11—25 题：请选出正确答案。

例如：女：快点儿走吧，马上要上课了！

男：没关系的，现在是两点半上课，还有半个小时呢！

问：现在是什么时间？

A 两点半　　　　　　B 上课了　　　　　C 两点 ✓　　　　　D 不知道

11. A 男的撞上了一个小孩儿　　　　　B 女的认为安全第一
    C 男的开车很慢　　　　　　　　　D 女的觉得男的开车太慢了

12. A 女的和本杰明都是留学生　　　　B 女的对本杰明表示理解
    C 本杰明对比赛很有信心　　　　　D 女的最后让本杰明参加比赛了

13. A 苏珊觉得杰克很笨　　　　　　　B 杰克写汉字写得最快
    C 苏珊同意杰克的看法　　　　　　D 苏珊觉得杰克并不笨

14. A 老师和学生　　　　　　　　　　B 医生和病人
    C 演员和观众　　　　　　　　　　D 孩子和父母

15. A 女的可能是比赛选手　　　　　　B 女的没有拿到表格
    C 男的想告诉女的比赛结果　　　　D 男的已经知道比赛结果了

16. A 依娜在比赛中获得了一部照相机　B 依娜是留学生
    C 男的是博士生　　　　　　　　　D 依娜参加了乒乓球比赛

17. A 女的不想麻烦男的   B 女的喜欢男的

    C 女的和男的没有关系   D 女的不想告诉男的

18. A 1980 年 6 月 17 号   B 1978 年 8 月 18 号

    C 1980 年 8 月 18 号   D 1978 年 6 月 17 号

19. A 大使馆的传真号码是 0593－56398379

    B 女的找不到大使馆的传真号码了

    C 女的在大使馆工作

    D 大使馆的传真号码是 0593－50398379

20. A 教室   B 阿姨的房间   C 教学楼办公室   D 公安局

21. A 男的是公司老板   B 男的公司去年丢了两辆汽车

    C 警察局是为一家公司开的   D 女的在警察局工作

22. A 经理和员工   B 老板和职员   C 同事   D 医生和病人

23. A 他们吵起来了   B 他们是夫妻   C 男的很生气   D 他们经常吵架

24. A 他表示反对   B 他同意了

    C 他在等通知   D 他还不能决定

25. A 女的觉得小李挺适合自己的   B 小李很尊重女生

    C 小李被女的拒绝了   D 小李不是很懒，但不是很浪漫

第三部分

第 26—45 题：请选出正确答案。

例如：男：玛丽，你去哪里啊？

女：去开会啊，不是说今天下午三点在留学生办公室开会吗？你还不去？

男：是吗？我怎么不知道啊！没有人告诉我。

女：现在我不是告诉你了吗？快点儿准备准备，我们一起去吧！

男：太谢谢你了，幸亏遇到了你。

问：今天在哪里开会？

A 在留学生办公室 ✓   B 在教室

C 在图书馆   D 在玛丽的宿舍

26. A 女的同意男的的看法，在家里看电影

B 女的觉得在电脑上看电影不需要花钱

C 不去电影院看电影，女的就要和男的分手

D 女的觉得在电影院看电影不如在家里看电影

27. A 女的和小李是夫妻   B 期中考试，明明考得还不错

    C 男的很喜欢这个女的   D 女的要去机场开家长会

28. A 女的觉得男的很可怜   B 老师告诉了学生们考试范围

    C 考试题目很简单   D 男的没有女的学习努力

29. A 穿随便的衣服，只要干净整齐就可以

    B 迟到几分钟没有关系，因为不是大问题

    C 只要微笑并且有礼貌，就可以得到工作

    D 注意打扮、准时参加、积极主动

30. A 没有人想他　　　　　　　　　B 老婆不愿意他在这家公司上班

    C 他对公司没有感情　　　　　　D 他想找个收入更高的工作

31. A 小敏准备出国　　　　　　　　B 小敏母亲在国外

    C 小敏不喜欢小伙子　　　　　　D 小伙子骗了小敏

32. A 245　　　　　B 183.75　　　　C 220.50　　　　D 208.25

33. A 学生　　　　　　　　　　　　B 演员

    C 家庭主妇　　　　　　　　　　D 服务员小姐

34. A 女的的男朋友反对她购物　　　B 女的最近压力非常大

    C 女的花男朋友的钱购物　　　　D 女的的男朋友反对她花钱

35. A 7月9号　　　　B 7月3号　　　　C 7月4号　　　　D 7月8号

36. A 23：35　　　　B 21：20　　　　C 22：25　　　　D 00：40

37. A 南方大雪天气　　　　　　　　B 飞机检查出了故障

    C 北方大雪天气　　　　　　　　D 有旅客没有带护照上飞机

38. A 阿姨和我注册了一家网店   B 我想加入阿姨的网店

    C 阿姨给我们做了很多广告   D 阿姨的经验比我们多

39. A 玩具小汽车   B 减肥药   C 牙膏   D 洗衣机

40. A 闻起来臭，吃起来香   B 只有年轻人喜欢吃

    C 除了长沙，其他的地方没有卖   D 臭豆腐吃了对身体没有好处

41. A 喜欢男生请客   B 喜欢吃臭豆腐

    C 喜欢男生送她巧克力   D 比起臭豆腐，更喜欢巧克力

42. A 去北京开会   B 与长江电脑公司经理见面

    C 主持公司的招聘工作   D 与公司经理们打网球

43. A 万总公司的经理们   B 菜馆老板

    C 万总的外婆   D 万总的秘书

44. A 天神帮他把山搬走了

    B 他的力气很大，可以搬走一座山

    C 他不是个聪明的人

    D 他工作很辛苦，但是没有钱

45. A 克服困难，应该学会感动玉皇大帝

    B 成功需要坚持、努力

    C 辛苦地工作才能找到解决困难的方法

    D 生活中总有一些困难，没有人能成功

二、阅 读

第一部分

第46—50题：选词填空。

A 逐渐　　　B 组成　　　C 约会　　　D 做　　　E 引起　　　F 坚持

例如：她每天都（　F　）走路上下班，所以身体一直很不错。

46. 这次火灾是由工人们乱扔烟头（　　　）的，它给国家和人民带来了巨大损失。

47. 夕阳西下，天色（　　　）暗了下来，孩子们也都回家吃饭了。

48. 刚到中国，玛丽就认识了一位中国帅小伙，并马上开始了他们的第一次（　　　）。

49. 由于家庭经济条件不好，他在上大学的时候，就开始（　　　）小生意了，以减轻家庭负担。

50. 这个国际组织由三个部门（　　　），它们分别是管理部、接待部和市场部。

第 51—55 题：选词填空。

A 稍微　　　B 精神　　　C 受不了　　　D 够　　　E 信任　　　F 温度

例如：A：今天真冷啊，好像白天最高（　F　）才 2℃。

　　　　B：刚才电视里说明天更冷。

51. A：这么重要的事情，你让他来做？你（　　　　）他吗？

　　　B：放心吧，我们从小一起长大，我了解他。

52. A：儿子啊，上次张阿姨给你介绍的王芳，你觉得怎么样？

　　　B：王芳各方面都不错，只是（　　　　）胖了点儿。

53. A：刘梅做完手术快一个月了，不知道她现在身体恢复得怎么样。

　　　B：我昨天刚去看望了她，她看起来挺（　　　　）的。

54. A：你今天看起来很疲惫，怎么了？

　　　B：嗨，别提了。昨晚我邻居举办生日聚会，邀请了很多人，太吵了，

　　　　　我（　　　　）那么吵的声音，一夜都没睡好。

55. A：你昨晚喝了那么多酒，是怎么回家的啊？

　　　B：多亏了小王，他昨晚把我送到了家才离开。

　　　A：小王？真没想到他这么（　　　　）朋友。

第二部分

第 56—65 题：排列顺序。

例如：A 可是今天起晚了

　　　B 平时我骑自行车上下班

　　　C 所以就打车来公司　　　　　　　　　　　　　　 B A C

56. A 他已是业界非常著名的律师了

　　B 没想到才五年时间

　　C 上次跟王小帅见面还是在大学毕业晚会上　　　 _____

57. A 它反映了人们的风俗信仰

　　B 年画是中国的一种古老的民间艺术

　　C 寄托着人们对未来的希望　　　　　　　　　　 _____

58. A 相反，工作日的时候路上却没有多少车

　　B 现在大城市里有太多的私家车

　　C 一到周末车就堵得特别厉害　　　　　　　　　 _____

59. A 当别人做了什么对不起自己的事情时

　　B 然而，对大多数人来说，原谅别人比伤害自己更难

　　C 应该让自己尽可能地原谅别人　　　　　　　　 _____

60. A 可是白酒的价格比较贵

B 尤其是一些知名品牌，如：茅台、五粮液、剑南春等

C 中国人喜欢喝的是白酒，而不是红酒　　　＿＿＿＿＿＿

61. A 赵大宝是个性格内向的人

B 也从不轻易表达出来

C 即使他很喜欢自己的女朋友　　　＿＿＿＿＿＿

62. A 虽然吃起来味道不错

B 方便面是一种垃圾食品

C 其实并没有什么营养　　　＿＿＿＿＿＿

63. A 这篇文章分析社会问题的角度很特别

B 我还是很赞同

C 尽管有很多人反对　　　＿＿＿＿＿＿

64. A 就必须提供本人的身份证原件

B 否则，信用卡只能作废

C 如果想重新找回信用卡密码　　　＿＿＿＿＿＿

65. A 你去打印一份

B 这份材料是本学期期末考试的复习重点

C 另外再给每位同学复印一份　　　＿＿＿＿＿＿

第三部分

第 66—85 题：请选出正确答案。

例如：她很活泼，说话很有趣，总能给我们带来快乐，我们都很喜欢和她在一起。

　　★ 她是个什么样的人？

　　A 幽默 ✓　　　　　B 马虎　　　　　C 骄傲　　　　　D 害羞

66. 张镇二十岁的时候离开家乡，独自一人来到上海，开了这家餐馆。经过几年的努力，现在餐馆的生意可火了。

　　★ 根据这段话，可以知道：

　　A 张镇现在过得很辛苦　　　　　B 张镇赚了很多钱

　　C 张镇的餐馆着火了　　　　　　D 张镇很伤心

67. 这次旅游，我去了很多地方，当然也花了很多钱，回到家后才发现包里光剩下一个空钱包了。

　　★ 根据这段话，可以知道：

　　A 包里装了很多东西　　　　　B 旅游花的钱不多

　　C 旅游花完了所有的钱　　　　D 钱包里的钱都丢了

68. 王明经常拿自己和别人做比较，比如：他很羡慕李霞。因为李霞每天的工作时间是王明的三分之二，工资却是他的两倍。

　　★ 如果李霞每天工作 6 小时，挣 200 元，那么王明每天：

A 工作 8 小时，挣 150 元　　　　　B 工作 10 小时，挣 100 元

C 工作 7 小时，挣 150 元　　　　　D 工作 9 小时，挣 100 元

69. 在南非世界杯四分之一比赛中，巴西队输给了荷兰队，巴西队球迷不得
不提前收拾行李回家了。

★ 巴西队球迷怎么了？

A 主动回家了　　　　　　　　　　B 很高兴

C 行李很多　　　　　　　　　　　D 没办法，只好回家

70. 黄河，全长 5464 公里，是中国第二长河，世界第五长河，也是世界上含
沙量最大的河流。她是中国人的"母亲河"。

★ 黄河：

A 是一位母亲的名字　　　　　　　B 全长近 5000 公里

C 是中华文化的发源地　　　　　　D 亚洲第五长河

71. 世界上没有人能一直成功，也没有人会永远失败。过去失败并不等于将
来不成功，关键是失败后，要敢于面对，勇敢前进；要始终相信，没有
永远的失败，只有暂时的不成功，只有这样才能获得成功。

★ 根据这段话，可以知道：

A 敢于面对失败，才能获得成功　　B 成功会一直陪伴一些人

C 以前失败过，以后就不会成功　　D 以前成功了，以后会一直成功

72. 20 世纪末，洋快餐进入中国，受到中国人的热烈欢迎。进入 21 世纪，
中国人开始重视快餐的营养问题，现在越来越多的人只是偶尔去吃一顿。

★ 根据这段话，可以知道：

A 中国人很喜欢吃洋快餐　　　　　B 洋快餐进入中国已经四五十年

C 快餐在营养方面存在问题　　　　D 洋快餐的生意不错

73. 第一次跟他出去玩，就给我留下了"深刻的印象"。没想到他脸皮那么厚，明明是他自己扔的垃圾，却硬说是别人扔的。

★ 他这个人怎么样？

A 不害羞　　　　　　　　　　　B 很幽默

C 懂礼貌　　　　　　　　　　　D 很实在

74. 早上去上班，路人看见我就笑；上了公交，乘客见了我也偷偷地笑；我还没进办公室，同事小李就大笑起来，边笑还边对我说："你这是什么打扮呀，出门怎么也不照照镜子？"

★ "我"怎么了？

A 喜欢开玩笑　　　　　　　　　B 打扮得很奇怪

C 打扮得很漂亮　　　　　　　　D 很活泼

75. 下个月我要参加汉语水平考试。为了准备这次考试，我报了一个汉语语法补习班，给我们上课的老师刚参加工作，但教得很好。

★ 给我们上课的老师怎么样？

A 工作很多年了　　　　　　　　B 对我们帮助不大

C 工作不久　　　　　　　　　　D 我们不喜欢他

76. 最近车市打折活动比较多，我很早就想买车，这次终于等到机会了。昨天我买了一款新车。这款车不仅价格低，每公里油耗也不大，既经济又环保。

　　★ 这款车怎么样？

　　　A 质量不好　　　　B 价格合适　　　　C 耗油量大　　　　D 花钱多

77. 我以前的工作虽然工资高，但是得经常加班。现在的工作很轻松，工资也马马虎虎够用，我非常满意。

　　★ 根据这段话，下面哪项是不正确的？

　　　A 以前的工作收入很高　　　　　　B 现在的工作收入太低
　　　C 以前的工作很辛苦　　　　　　　D 现在的工作不累

78. 早上起来，我发现窗外竟是一个雪白的世界。我还以为自己是在做梦呢，因为我的家在泰国，那里四季如夏，我从未见过如此美丽的景色。

　　★ 根据这段话，下面哪项是正确的？

　　　A "我"做梦了　　　　　　　　　　B 下雪了
　　　C 泰国也下雪　　　　　　　　　　D 这里天气暖和

79. 人的一生总会经历很多困难。面对困难，有人放弃，有人坚持。很多成功人士的亲身经历告诉我们，要想打开成功之门，必须学会坚持。没有坚持，难以成功。

　　★ 根据这段话，可以知道：

　　　A 面对困难，只有放弃　　　　　　B 只有坚持，才能成功
　　　C 面对困难，不必坚持　　　　　　D 即使坚持，难以成功

80—81.

香烟 20 块钱一包，火柴 1 毛钱一盒。小李去买香烟，他买了一包香烟后对售货员说："顺便送我一盒火柴吧。"售货员拒绝了。小张也去买香烟，但他买烟之前，对售货员说："这烟太贵了！便宜 1 毛钱吧？"售货员爽快地答应了。于是小张就用省下的这 1 毛钱买了一盒火柴。

★ 小李和小张买了什么东西？

A 小李买了一包香烟和一盒火柴　　B 小张买了一包香烟和一盒火柴

C 小李没有买香烟　　　　　　　　D 小张没有买香烟，只买了火柴

★ 小张花了多少钱？

A 小张花了 19 块钱　　　　　　　B 小张花了 20 块 1 毛

C 小张花了 19 块 9 毛　　　　　　D 小张花了 20 块钱

82—83.

友情像茶，泡的次数越多，茶香越淡，最终会变成一杯淡淡的白开水，让你几乎品味不出茶的味道。但茶毕竟是茶，永远不会是白开水。因为那一片片沉在杯底的茶叶，永远不会消失。所以，真正的友情是深藏在我们心底的，不会因时间的消逝而消减。

★ 在这段话中，"白开水"是指：

A 真正的友情　　　B 一般的关系　　　C 好朋友　　　D 敌人

★ 这段话说明了什么？

A 时间越长，友情越淡

B 人与人之间没有真正的友情

C 真正的友情不会因时间的改变而改变

D 真正的友情也会慢慢消失

84—85.

山和水是中国古代文人的最爱。文人们将山的"静"和水的"动"结合在一起，融入到自己的作品中，表现出了诗中山的壮观、水的灵动；画中山的宁静、水的深远。

★ 根据这段话，在文人的作品中山的特点是什么？

　　A 山是壮观的、灵动的　　　　　　B 山是宁静的、深远的

　　C 山是宁静的、壮观的　　　　　　D 山是深远的、灵动的

★ 根据这段话，下面哪项是正确的？

　　A 中国古代文人只喜欢山　　　　　B 中国古代文人更喜欢水

　　C 中国的山水画中有山有水　　　　D 诗歌中描写最多的是山

三、书 写

第一部分

第 86—95 题：完成句子。

例如：那座桥　　800 年的　　历史　　有　　了
　　　　 那座桥有 800 年的历史了。

86. 请大家　　先后顺序　　按照　　排队　　买票

87. 本来　　学习　　她　　是　　广告专业　　的

88. 从来　　别人的　　不接受　　我哥哥　　意见

89. 该不该　　呢　　原谅　　我到底　　他

90. 由学校　　宿舍　　老师的　　提供　　年轻

91. 不要　　自己的　　放弃　　千万　　理想

92. 小鸟在飞　　白云　　一群　　好像　　那朵

93. 每个病人　　热情地　　对待　　护士　　这位

94. 新鲜的　　厨房的　　水果　　放满了　　冰箱里

95. 弄丢了　　护照　　把　　不小心　　他

第二部分

第96—100题：看图，用词造句。

例如：　　　　　　　　　乒乓球　　<u>她很喜欢打乒乓球。</u>

96.　　　　　　　　医院

97.　　　　　　　　味道

98.　　　　　　　　握手

99.　　　　　　　　挂

100.　　　　　　　热闹

新汉语水平考试 HSK（四级）模拟试卷①听力材料

（音乐，30秒，渐弱）

大家好！欢迎参加 HSK（四级）考试。

大家好！欢迎参加 HSK（四级）考试。

大家好！欢迎参加 HSK（四级）考试。

HSK（四级）听力考试分三部分，共 45 题。

请大家注意，听力考试现在开始。

第一部分

一共 10 个题，每题听一遍。

例如：我打算暑假去成都旅游，不知道你有没有时间。如果有时间，我们可以一起去吗？

★ 他打算去成都旅游。

我现在很少去教室自习，不是我不想去，而是因为最近天气不好，天天下雨，我觉得去教室自习很麻烦。

★ 他现在经常去教室自习。

现在开始第 1 题：

1. 每天放学回家，妈妈都会给我布置一些课外作业，并且要求我按时完成，这让我感到压力很大。不过，现在我已经习惯了。

★ 妈妈每天都给我布置课外作业，我到现在都习惯不了。

2. 杰克是我们班上最忙的学生，他一天要忙这样五件事：上课、打工、准备汉语比赛、锻炼身体、参加学校的留学生志愿者活动。

★ 杰克是学校的志愿者。

3. 我的台式电脑太旧了，每次开机都很慢，所以我想买台笔记本。但是，当我向爸爸要钱时，他却说："你是成年人了，你的事，我不管。"

★ 我已经过了 18 岁了。

4. 我女朋友菜做得不怎么样，但每次做好菜都要让我尝一尝。今天她做的番茄炒鸡蛋，让我感到很吃惊，我不得不说好极了。

★ 女朋友做的番茄炒鸡蛋，难吃极了。

5. 学校打印店最近打折，凡是打印数量在 800 张以下的，一张一毛钱；800 张以上的，一律实行 7 折优惠。

★ 在学校打印店打印 700 张，要花 49 元。

6. 去年我去内蒙古旅游，喜欢上了一把美丽的蒙古刀，当时我身上的钱都快花完了，幸亏有导游帮忙，才买下了这把刀。

★ 导游花钱给我买了一把蒙古刀。

7. 马克与女朋友的关系发展得不错，不过，双方的父母都表示反对，这让马克和女朋友烦恼极了。

★ 马克的父母不反对他和女朋友交往。

8. 真没想到，老板今天批评了我一顿，因为三百份材料中符合公司标准的只占百分之七十五。

★ 符合公司标准的材料有 225 份。

9. 留学生们在超市附近的球场上举行足球比赛，吸引了许多去超市买东西的顾客，他们围上去，鼓励自己喜欢的球队，为他们鼓掌加油。

★ 留学生们在超市里举行足球比赛。

10. 奥迪被汽车撞伤后住进了同济医院，每天只能躺在床上。为了帮助他，同学们进行了讨论，决定每个人每天去一趟医院。娜娜虽然讨厌去医院，最后也答应了。

★ 娜娜答应每天去医院看奥迪一次。

第二部分

例如：女：快点儿走吧，马上要上课了！

男：没关系的，现在是两点半上课，还有半个小时呢！

问：现在是什么时间？

现在开始第 11 题：

11．男：今天真是倒霉，过马路的时候，天太暗了，差点儿撞上一个小孩儿。

女：以后开车慢点儿，没有什么比安全更重要的了。

问：根据对话我们可以知道什么？

12．女：本杰明，开学的时候，你报到注册迟到了。这次"汉语桥"比赛，你报名又迟到了，昨天就已经不能报名了。

男：对不起，我向您道歉，求求您让我报名参加吧，我保证一定能得第一名。

问：下面哪项是正确的？

13．男：苏珊，我觉得自己太笨了，同样一件事情，我要比你多花一倍的时间才能完成。

女：杰克，还记得上次写汉字比赛吗？三十分钟内，你写完了一千个汉字，我只写完八百个。

问：女的是什么意思？

14．女：在很多人面前，我总是感到紧张，无论练习了多少遍，我都无法自如地表达我所熟悉的内容。

男：先别担心，做完检查，就能知道你的身体什么地方出了问题。

问：他们是什么关系？

15．男：请各位参加比赛的同学拿着刚刚发给你们的表格到台上来。

女：哇，是不是马上就可以知道比赛结果了啊？哎，我心里紧张极了。

问：根据对话我们可以知道什么？

16．女：好消息，好消息，我们班的依娜今天得到校长的表扬了。你看，校长还送给依娜一部新相机。

　　　　男：真是羡慕啊！下次我也要参加"博士留学生乒乓球比赛"。

　　　　问：下面哪项是不正确的？

17．男：你不是要出差么？准备什么时候出发？

　　　女：我什么时候出发与你无关。

　　　问：女的是什么意思？

18．女：你是 1980 年出生的？为什么你的护照上写的是 1978 年 8 月 18 号出
　　　　生的呢？

　　　男：哦，那是我哥哥的护照，我的在这里。我比我哥哥正好小两岁。

　　　问：男的是什么时候出生的？

19．男：小丽，你有没有我们国家大使馆的联系方式？

　　　女：大使馆办公室的电话号码我上次记下来了，可惜找不到了。你记一下
　　　　这个传真号码吧，0593－50398379。

　　　问：根据对话我们可以知道什么？

20．女：怎么办？怎么办？我刚买的词典忘在教室里了。

　　　男：同学，别着急，先打电话问问打扫教室的阿姨，她要是见到了一定会
　　　　送到这里来的。

　　　问：这段对话可能发生在哪里？

21．男：去年冬天我们公司丢了一辆新买的奔驰汽车，你们调查了半年都没有
　　　　结果。现在我们又丢了一辆，还是调查不出结果，真不知道你们每天
　　　　都干吗去了！

　　　女：我们需要做的事情多着呢，别以为警察局只是为你们公司开的。

　　　问：下面哪项是正确的？

22．女：昨天迟到，你说是因为堵车；今天迟到，你说是因为拉肚子，明天如
　　　　果还迟到，会是因为什么呢？

　　　男：我保证明天一定不会再迟到了，不然，你可以向经理反映。

　　　问：他们可能是什么关系？

23．男：媛媛，你能不能不跟我吵，先听我解释好不好？

女：我不要听，我也不想听，每次你都骗我。

问：根据对话我们可以知道什么？

24. 女：举办这样的活动，我表示反对。不过，这只是我个人的看法，你呢？

男：哦，我考虑考虑再通知你。

问：男的是什么意思？

25. 男：为什么拒绝小李？你不是喜欢浪漫的小伙子吗？他很浪漫，挺适合你的呀！

女：我喜欢的人不仅要浪漫，而且要懂得尊重女生，还有，不能太懒。

问：下面哪项是正确的？

第三部分

一共 20 个题，每题听一遍。

例如：男：玛丽，你去哪里啊？

女：去开会啊，不是说今天下午三点在留学生办公室开会吗？你还不去？

男：是吗？我怎么不知道啊！没有人告诉我。

女：现在我不是告诉你了吗？快点儿准备准备，我们一起去吧！

男：太谢谢你了，幸亏遇到了你。

问：今天在哪里开会？

现在开始第 26 题：

26. 女：晚上我们去看电影吧？最近大家都在看《不能说的秘密》。

男：干吗非去电影院，人多，而且浪费钱。不如租个 DVD 在家里看吧？

女：你说什么？租个 DVD 在家里看？那还不如在电脑上下载算了，一分钱都不用花。

男：哎呀，你真是聪明，我怎么就没有想到！

女：我跟你说，不去电影院看电影，我们之间就完了。

问：女的是什么意思？

27. 男：打扮得这么漂亮，是不是要去机场接小李啊？

　　女：都老夫老妻了，没闲工夫去接他。

　　男：别不好意思了，我们都知道。

　　女：知道什么？知道我要去开家长会？说起来我就生气，这次期中考试，我们家明明又考砸了。

　　问：下面哪项是正确的？

28. （电话铃响起，女的拿起电话）

　　女：喂，这么晚了怎么还不睡？（打哈欠）是不是又要熬通宵？

　　男：对不起，打扰你了。明天汉语考试，老师说了考试范围没有？

　　女：哦，我想一想（过了 30 秒），没有说考试范围，不过，老师说一共两道题，一道翻译题，一道作文题。作文题是要我们介绍自己的专业方向和研究方法。

　　男：啊，介绍专业方向和研究方法？这么复杂的问题，老师还让不让我们活啊！

　　女：现在着急，你早到哪儿去了？

　　问：根据对话我们可以知道什么？

29. 男：我要参加明天的招聘会，不知道怎么办才好，能不能给点儿建议？

　　女：首先要注意穿着，不能穿得太随便，应该穿正式、干净、整齐的衣服，其次，准时到达招聘会场，最后，微笑而有礼貌，积极主动地表现自己。

　　男：好的，我记住了。听你这么一说，突然感到紧张起来了。

　　女：不要紧张，不要有压力，你很优秀，一定会成功的。我对你有信心。

　　男：谢谢你的鼓励，我会努力的。

　　问：参加招聘会，应该怎么做？

30. 女：你要不要再考虑考虑，别这么快做出决定好吗？

　　男：对不起，我已经想好了，请你接受我的请求。

　　女：你这样走了，我的工作很难做。难道就不能为我想一想吗？

　　男：那谁来为我着想呢？老婆说，不买房不买车就跟我离婚。（顿了顿）我在新的公司，一年可以多两万块收入，年底还发奖金。

　　女：你先冷静冷静。钱的事情好说，我们可以再商量。

　　男：（停了一会儿，语气缓和）实际上，我也不愿意走，我的技术、经验都是在公司里积累起来的，我对公司是有感情的。

问：男的为什么要离开？

31. 男：小敏，上次王阿姨给你介绍的小伙子今天来找你了。

女：以后他再来，你就说我出国了。

男：说的什么话，怎么能随便骗人呢？真不知道你们现在这些年轻人是怎么想的，年龄也算老大不小的了，交朋友这样的事情还要大人操心。

女：不是说了不要你管了吗？你这是瞎操心。

男：你母亲要在，我会管你吗？想起这些我就难受。

问：根据对话我们可以知道什么？

32. 女：售货员，西红柿怎么卖？

男：三块五一斤。买得越多，价格越便宜。

女：我们店每天都需要西红柿，如果每天都买你们的，可以给我们优惠吗？

男：可以啊，一次买一百斤以上，七五折。另外，所有的塑料袋包装都是免费的，外加免费送货上门。

女：要不这样，每天给我们店送八十斤西红柿，按八五折给我们？

男：老板说了，五十斤以上，一百斤以下的，只能打九折。

问：根据对话，如果买七十斤西红柿，需要花多少钱？

33. 男：小姐，想邀请你周末去看场电影，行吗？

女：别闹了！前天在电话里就跟你说了，周末我有演出，怎么还问？

男：周末还这么忙？以前一周能见你两次，后来一周见一次，现在一次都见不了了。

女：你还好意思说，我这么辛苦都是因为你。如果你研究生毕业能找到工作，我才不出来工作呢。

男：好了，好了，是我的错，我一定会找到工作的，不是说了要给你幸福吗？说到一定做到。以后你什么都不用做，只做家庭主妇。

问：根据对话，女的是干什么的？

34. 女：每次有压力的时候，我就跟好朋友去购物，购物之后心情会大好，感觉全身都很轻松。

男：购物可要花不少钱，你男朋友不反对吗？

女：为什么要反对？我又不花他的钱。我每次都用信用卡。

男：谁的信用卡？

女：自然是我男朋友的，这还用问。

问：根据对话我们可以知道什么？

35. 男：明天我要去买火车票，要不要顺便帮你买了？

女：唉，我们还不知道什么时候放暑假呢。上次班长说从7月8号起就可以买票，后来又说放假的时间提前了四五天。

男：那我给你买7月3号的吧，正好可以跟我一起回去。听系里的老师说，考完就可以提前回家。

女：7月4号、8号我各有一门考试，只要在这之后都可以。

问：女的可能买哪天的票？

第36到37题是根据下面一段话：

12月28号我从泰国曼谷机场准备坐CJ1084号航班回国看母亲，飞机原计划于当晚21点20分起飞。谁知起飞前飞机检查出了故障，航空公司只好给我们安排新的航班，即于当晚23点35分起飞的CE2048号航班。为了表达对我们的歉意，航空公司还做出决定，退还所有旅客百分之三十五的机票费用。

36. CE2048号航班什么时候起飞？

37. CJ1084号航班因为什么不能起飞？

第38到39题是根据下面一段话：

阿姨，最近我跟朋友在淘宝网上注册了一家网店，主要卖一些家具家电、日常生活用品以及儿童玩具。如果您有兴趣，欢迎加入我们的网店，同时也希望您在同事、朋友中给我们做做广告。另外，还要麻烦阿姨给我们多介绍一些开店的经验。我们刚刚开始做生意，需要您的关照。好了，我不多说了，收到留言请您给我们回个电话，谢谢。

38. 根据对话我们可以知道什么？

39. 在他们的网店里，顾客买不到什么？

第 40 到 41 题是根据下面一段话：

在长沙，有一种特别流行的小吃叫臭豆腐，年轻人尤其喜欢吃。臭豆腐有个特点，那就是"闻起来臭，吃起来香"。它是一种比较健康的食品，据说老人常吃臭豆腐，对身体健康很有好处。如果你爱上一个长沙女孩儿，不要送她巧克力，请她去吃臭豆腐，他们说"爱她，就请她去吃臭豆腐！"

40. 这种流行的小吃有个什么特点？

41. 根据对话，长沙女孩儿怎么样？

第 42 到 43 题是根据下面一段话：

万总，这是您这一周的时间安排。周一早上八点十分，乘坐 K158 次列车去北京开会；晚上坐 TH0293 号航班飞往广州主持公司的招聘面试工作；周三晚上媛媛生日，给您预订了机场附近的"外婆家常菜馆"；周四开工作总结大会，给员工发工资与奖金；周五下午十八点一刻与长江电脑公司的经理见面；周六上午和公司经理们打网球，下午审阅公司业务报告材料；周日安排的是市场调查。

42. 周五下午万总有什么安排？

43. 根据短文，说话人是干什么的？

第 44 到 45 题是根据下面一段话：

中国古代有位老人叫愚公，他家门前有一座大山。这座山给大家的交通带来了不便，因此，愚公决定把山搬走。他每天辛勤地工作，结果感动了上天，上天派天神帮助他，将山搬走了。这个故事告诉我们，在生活、学习以及工作中，我们会遇到一些困难，但只要学会坚持，不放弃，努力寻找克服困难的方法，总有一天会成功的。

44. 关于愚公，下面哪项是正确的？

45. 这段话告诉我们什么？

听力考试现在结束。

新汉语水平考试 HSK（四级）模拟试卷①答案详解

一、听力

第一部分

1.【答案】×。

【解析】本题考查的是动词后面的补语。考生在阅读试卷上的句子时必须重视动词前面的副词和动词后面的补语。题目中说"习惯不了"，而听力材料中说"不过，现在我已经习惯了"，二者不一致，因此题目中的句子是错的。

2.【答案】✓。

【解析】本题考查新词"志愿者"。做这类题时，考生应注意听力材料中对新词的解释。即便从来没有学过这些词，在做题时，只要将题目中出现的新词与听力材料中的内容进行对照就能得出正确答案。本题中，出现了"志愿者"这个新词，考生如注意听"志愿者"所在的句子，就可顺利解答题目。杰克需要参加留学生志愿者活动，说明他是个志愿者。

3.【答案】✓。

【解析】本题考查考生的综合理解能力，这是新 HSK（四级）重点考查的一项能力。题目中的句子是"我已经过了18岁了"，考生由此可以猜测出听力材料中可能会出现与年龄有关的词。然而，材料中并没有直接给出人物的年龄，这时就需要考生进行简单推理。材料中的"你是成年人了"是本题的关键句，根据常识，绝大多数国家成年人的法定年龄是18周岁。"是成年人了"说明"已经过了18岁"，因此题目中的句子是对的。此类题的特点是不直接给出答案，需要考生对关键词或句子迅速做出反应，听的时候一定要集中精神。

4.【答案】×。

【解析】本题考查形容词。以形容词为中心的句子，考生必须注意形容词的近义词、反义词。材料中的"很吃惊""好极了"都是表达语义的关键，考生听时只要与题目中的句子稍加对比，就能得出答案。"好极了"与"难吃极了"意义相反，题目中的句子是错的。

5.【答案】×。

【解析】本题考查考生听数字并迅速进行计算的能力，这是听力试题中常见的考点之一。考生做题前应将题目快速浏览一遍，做题时快速记下听力材料中出现的数字及相互关系并进行简单计算。材料中说800张以上的才能打7折，题目中的句子与材料内容不符，是错的。

6.【答案】×。

【解析】本题与第1题类似，考查动词前后的语法成分。听力材料中"身上的钱都快花完了"，说明钱剩下的不多了，但是并不是一分钱也没有了，因为不多，所以不够买刀。后面接着说"导游帮忙"，说明"我"能买下这把刀，是因为导游帮忙。导游只是帮忙买刀，而不是给"我"买刀，题目中的句子与材料内容不符，是错的。

7.【答案】×。

【解析】本题考查动词前面的副词。问题中的句子是"马克的父母不反对他和女朋友交往"。考生在预测听力内容时应注意动词"反对"，材料内容有三种可能：一种是直接出现"反对"的反义词"支持、同意"；一种是"反对"前面没有副词"不"；一种是"既不支持也不反对"。听力材料中说"双方的父母都表示反对"，即不仅马克的父母反对，女朋友的父母也反对。题目中的句子与材料内容不符，是错的。

8.【答案】√。

【解析】本题考查的是考生对百分比的理解，计算比第5题直接。只要听明白了具体数字，并进行简单计算，就能得出答案。300乘以75%，结果是225，问题中的句子是正确的。

9.【答案】×。

【解析】本题考查事件发生的地点。考生做此类题时，需要注意题目的句子中出现的地点与听力材料中出现的是否相同。题目中说的是"留学生在超市里举行足球比赛"，与听力材料中出现的地点"超市附近的球场上"不符，是错的。其实，根据常识我们也知道足球比赛不可能在超市里举行，所以，即使不听材料，这个问题也很容易判断。

10.【答案】√。

【解析】本题考查关联词"虽然……但是……"。材料中的形式是"虽然……也……"，"也"之后的部分是事情的结果。结果是"娜娜答应了"。所以题目中的句子是对的。

第二部分

11.【答案】B。

【解析】听力第二部分的材料是男女二人间的简单对话。考生做题前，首先应把 ABCD 四个选项快速浏览一遍，注意一些在选项中反复出现的词语，这些词语往往是听力材料中的关键词。如本题，选项 A 中有动词"撞"，选项 B 中有"安全"，选项 C 中有"开车""慢"，选项 D 中同样有"开车""慢"。归纳选项中的词语，考生可以猜测这道题与交通有关，而且可能是出了交通事故。这类对话还有一个特点，即对话中第二个人说的话多是考点所在。因此，考生要特别注意第二个人说的话。本题中，女的说"没有什么比安全更重要的了"，是本题的考点，与选项 B 中的"安全第一"一致，选项 B 是本题的答案。

12.【答案】C。

【解析】浏览选项可知，对话可能与某个比赛有关。考生在听的过程中应将选项中的关键词与对话内容进行对比验证。对话中男的说了"保证""一定""得第一"等表示承诺与具体成绩的词语，可以得知男的对比赛很有信心，是个自信的人。

13.【答案】D。

【解析】这道题考查人物的态度。某人对某人某事的态度一般涉及批评、拒绝、反驳、否定、称赞、喜爱、赞同等。本题材料的中心内容是委婉地表达对他人自我评价的否定。选项中出现"笨"这个关键词，而问题又是"女的是什么意思？"，可知女的所说的话是本题的答案。根据对话，女的提到男的在写汉字比赛中，三十分钟比她多写了 200 个，说明她觉得男的并不笨。

14.【答案】B。

【解析】考查人物关系。这是最常见的考点之一。人物关系会涉及父母与孩子、老师与学生、医生与病人、情侣、夫妻等类型。听这类对话时，考生应注意人物的语气、称呼，如出现撒娇、亲密的语气，一般是情侣或夫妻；对话发生的时间、地点，如在教室、医院，一般是老师与学生、医生与病人；对话中所涉及的一些关键词语，如出现批评、责备等词语，多是父母与孩子。人物关系题是综合性比较强的题目，看似简单，但要求考生对汉语中表达人物关系的各种词汇及相关文化都有所了解。本题中男的说的"做完检查""身体""出了问题"等内容，可知男的应是医生，女的来做检查，当然是病人。

15.【答案】A。

【解析】本题的问题是"根据对话我们可以知道什么？"，这类问题的答案一般比较相对，选项中如出现很绝对的选项，如"一定""绝对""必须"等，一般不是正确选项。本题 ABCD 四个选项中，出现最多的是"比赛""比赛结果"，可知对话内容应该与比赛有关。根据对话，选项 BCD 所述的内容在听力材料中并未出现，也无法根据内容推知，所以这三项均可以排除；选项 A 表述比较相对，是根据对话内容可以推知的结果，是正确选项。

16.【答案】A。

【解析】本题的提问方式比较特殊，很多考生已经习惯了问题"下面哪项是正确的？"，而本题问的是"下面哪项是不正确的？"对话中男的说"下次我也要参加'博士留学生乒乓球比赛'"，"也""博士""留学生""乒乓球比赛"是关键词，选项 A 是正确答案。

17.【答案】D。

【解析】本题考查常用句式。这类题主要考查考生在学习过程中收集、理解、消化汉语中常用句式的能力。本题中的"与……无关"表示不想提及，不愿意透露，选项 D 是最准确的答案。

18.【答案】C。

【解析】考查考生对重要副词的理解与掌握。"正好"是本题的关键词，此类词还有"恰好、刚好、刚刚"。此类题要求考生会抓关键词，并掌握其意义和用法。护照是哥哥的，护照上的出生日期是 1978 年 8 月 18 号，男的说自己比哥哥"正好"小两岁，说明和哥哥同月同日出生，选项 C 是正确答案。

19.【答案】D。

【解析】考查数字。数字考点一般有电话号码、传真号码、密码、生日、门牌号码、车牌号码等。对话中往往出现一串串数字，而且各数字串还比较相似。考生在听的过程中一定要做好笔记，最好的办法是首先浏览选项，找出选项中出现的数字的共同点，做题时可以据此排除一些错误选项，节省时间。不过最好不要试图把数字完全记录下来，那样做很容易漏听某些重要信息，而且浪费时间。否则即使将数字写下来了，却也会因为忽略或忘记了彼此之间的关系和问题，而得不出答案。

20.【答案】C。

【解析】考查事情发生的地点。本题可运用排除法。女的说自己丢了词典，丢东西可能会与公安局（警察）产生关联，但是，男的说话的语气、用词，不像一名警察，不会在公安局，排除选项D；其次，词典丢在教室里，选项A与题目也有关；接着男的提到了打扫教室的阿姨，根据经验推测对话不大可能发生在一个打扫教室的阿姨的房间里，排除选项B。男的说"先打电话问问打扫教室的阿姨，她要是见到了一定会送到这里来的"，因此他可能是教室管理人员，因此"这里"最有可能是教学楼办公室，排除选项A，选项C是正确答案。

21.【答案】D。

【解析】考查考生的综合理解能力。女的说"别以为警察局只是为你们公司开的"，排除选项C。而A是无关选项。根据对话可知男的公司去年丢了一辆车，不是两辆车，B是错误选项。又通过女的的回答可知她应该在警察局工作，选项D是正确答案。

22.【答案】C。

【解析】考查人物之间的关系。人物关系类题目是常考题，解答这类题目往往需要根据对内容的理解推测人物之间的关系。根据对话，女的不可能是经理，也不会是老板，更不会是医生（虽然对话中提到"拉肚子"），那么他们可能是同事，选项C是正确答案。

23.【答案】A。

【解析】考查考生对对话内容的整体把握。本题中选项BCD都是无法确定的答案，他们不一定是夫妻，也可能是情侣，男的的语气更像着急而不是生气，根据对话的内容，我们也无法判断男的和女的是不是经常吵架。但是他们现在确实是在吵架，男的一开始就说了"能不能不跟我吵"。所以本题的正确答案是选项A。

24.【答案】D。

　　【解析】考查人物的态度。考生要抓住关键词，男的说需要再考虑考虑，说明还不能马上做决定，选项 D 是正确答案。

25.【答案】C。

　　【解析】与 13 题类似，考查人物的态度。女的对小李不满意，却没有直接表达，而是罗列自己喜欢的人的特点，这是在间接表达自己的态度——不满意小李，选项 C 是正确答案。其实，男的第一句话就是"为什么拒绝小李？"细心的考生从这里就可以得出答案。

第三部分

26.【答案】C。

　　【解析】这是一道需要简单推理的题目。汉语中很多词语有多个义项，有些考生熟悉，有些不熟悉，有些与文化相关或被赋予新意，包含这类词语的题目对考生的要求比较高，需要考生在学习中培养逻辑推理的能力。本题中女的说"不去电影院看电影，我们之间就完了"，考生需知道"完了"在这里表示情侣之间关系结束，选项 C 是正确答案。

27.【答案】A。

　　【解析】本题考查考生的综合理解能力。句子"都老夫老妻了"是本题的关键句，由此可知女的和小李是夫妻，选项 A 正确。男的夸女的漂亮不代表他喜欢她，从对话中也得不出男的喜欢女的的结论，排除选项 C。"考砸"是个超纲词汇，但通过人物的语气与用词，"说起来我就生气"中的"生气"可推知明明肯定考得不是很好，排除选项 B。选项 D 是个干扰项，根据常识排除。

28.【答案】D。

　　【解析】此类题根据对话不能直接得出答案，需要考生思考总结，归纳得出答案。女的说"没有说考试范围"，排除选项 B。男的说话一直使用疑问句与感叹句，还说"老师还让不让我们活啊！"，排除选项 C。剩下选项 AD，女的说"现在着急，你早到哪儿去了？"，反问语气表示责备，表明女的并不可怜男的，排除选项 A。男的考试前熬夜，连考试内容都不知道，可见平时学习不是很努力，选项 D 是正确答案。

29.【答案】D。

【解析】此类题以在人际交往、生活工作中的一些活动，如去中国人家里做客、工作面试、考试、预防疾病等作为题材，介绍在这些活动中的注意事项。叙述形式一般有"首先……其次……最后……""……，比较……，最……""一来……，二来……"等等。这类题目的错误选项的特点一般是只说到某一个具体点，犯以偏概全的毛病，正确答案往往就是对其余选项中提到的内容进行总结的那一项。因此，解答此类题目的诀窍就是选择最具总结性的一项。

30.【答案】D。

【解析】考查因果关系。本题询问的是男的为什么离开，考生需根据对话内容判断事情发生的原因。新 HSK（四级）因果关系题选择的题材一般有公司职员因工资原因提出辞职，学生因需要更好的学习环境提出转学、因为学习兴趣等原因要求转专业等。我们在听到"辞职""转学"等关键词时，可以首先考虑上述原因，再带着预测去听下面的内容。本题对话中几次提到了与工资有关的词语，如"收入、奖金、钱"，可见男的离开是为了"工资"，选项 D 是正确答案。选项 B 具有一定的干扰性，但是对话中只是说男的的老婆要求他买房买车，我们不能直接由此得出选项 B 的结论，所以它是不正确的。

31.【答案】C。

【解析】考查委婉表达法。根据对话可知女的对小伙子并不满意，所以以委婉的方式表示拒绝见面。同时考查了"在"表示"生存、活着"的义项，女的的母亲不是在国外，而是去世了。

32.【答案】C。

【解析】计算题。本题有一定的难度，因为出现了太多的数字，且对话比较长，会使考生容易将数字混淆，或是听了后面忘记前面。解答本题，考生要抓住两个关键信息，分别是西红柿的单价及买七十斤时的折扣。将这两个关键信息在对话中定位后我们会发现关键句是男的说的第一句话和最后一句话，女的说的话都是干扰信息，解题时不会用到。西红柿 3 块 5 毛一斤，50 斤以上 100 斤以下，打 9 折。买 70 斤，花的钱是 $3.5 \times 70 \times 0.9 = 220.5$（元），选项 C 是正确答案。解答这类题目需要注意两点：（1）抓关键信息；（2）将计算放在听完全部内容之后进行。

33.【答案】B。

　　【解析】考查人物的职业，这是常见考点之一。听之前考生应快速浏览选项，注意每个选项可能涉及的情景，听对话时再进行验证。根据对话，考生可知两人是情侣，不是夫妻，女的不是家庭主妇，排除选项 C。对话中女的说"周末我有演出"，说明她是个演员，选项 B 是正确答案。

34.【答案】C。

　　【解析】本题的对话内容比较幽默，考生听懂之后应该会会心一笑。但笑过之后要赶快回过神来做题。对话中女的说自己不花男朋友的钱购物，她每次只用信用卡。接着男的问信用卡是谁的，女的立刻回答"自然是我男朋友的"，女的花男朋友的信用卡购物，花的还是男朋友的钱，选项 C 是正确答案。

35.【答案】A。

　　【解析】本题考查做某事的时间，这也是常见考点之一。会问到的时间一般有出行时间（飞机、火车、轮船等的出发时间）、会议时间、约会时间、放假时间等。对话中女的说自己 7 月 8 号有考试，买火车票应该在这个时间之后，选项 A 是正确答案。

36.【答案】A。

　　【解析】本题的材料是一篇小叙述文，考查的是考生抓关键信息的能力。问题问 CE2048 号航班的起飞时间，考生需要迅速在对话中确定 CE2048 号航班出现的位置，并关注它的起飞时间。正确答案是选项 A。

37.【答案】B。

　　【解析】考查事件发生的原因。短文中从头到尾都没有提到与天气或旅客忘带护照相关的内容，可以迅速排除 ACD 三项，不能起飞的原因是"检查出了故障"，选项 B 是正确答案。

38.【答案】D。

　　【解析】推理题。这段短文以电话留言的形式呈现，比较新颖。内容是关于开淘宝店的，话题比较时尚。考生应该意识到新题新内容、反映社会变化主题的题目可能会越来越多。短文先是介绍了自己新开的淘宝店。随后说"麻烦阿姨给我们多介绍一些开店的经验，"说明"阿姨"应该也是开淘宝店的，而且很有经验，选项

D 是正确答案。

39．【答案】B。

【解析】本题问在网店里，顾客买不到什么？短文中只介绍了在他们的网店里能买到什么，所以本题的答案不能在短文中直接找到，需要考生根据短文内容运用排除法得出答案。短文第一句话说主要卖一些家具家电、日常生活用品以及儿童玩具"，将 ABCD 四个选项一一归类，洗衣机属于家具家电类，牙膏属于日常生活用品类，玩具小汽车属于儿童玩具类，而减肥药是药品类，顾客在他们的网店买不到药品，所以正确答案是选项 B。这是考查上下位概念的题目，需要具备一定的常识与反应能力。

40．【答案】A。

【解析】这类介绍性的短文是新 HSK（四级）听力中常考的题材,介绍文化古迹,如长城；介绍特色小吃,如武汉热干面、长沙臭豆腐。此类题不仅考查考生听的能力，也考查考生在汉语学习过程中对中国社会与文化的了解和把握情况。可见，学习语言不仅只是学习语言知识,文化背景知识也很重要。臭豆腐的特点是"闻起来臭，吃起来香"，选项 A 正确。

41．【答案】B。

【解析】短文全文都在介绍臭豆腐，而最后一句说"爱她，就请她吃臭豆腐"，可知长沙女孩喜欢吃臭豆腐，正确答案是选项 B。

42．【答案】B。

【解析】短文内容是万总一周的时间安排。周五下午的安排是与长江电脑公司的经理见面，选项 B 是正确答案。

43．【答案】D。

【解析】考查人物职业。说话人向万总汇报了他一周的行程，这一般是秘书的工作，所以选项 D 是正确答案。

44．【答案】A。

【解析】短文以中国古代的寓言故事为题材，要求考生对中国文化常识有一定的了解。这也提醒考生在学习汉语的过程中应当注意对中国传统文化知识的理解与记忆。如果以前没听过愚公移山的故事，只要听懂了短文，就知道故事的结局是天神帮助愚公将山移走了，选项 A 正确。

45．【答案】B。

【解析】本题要求考生归纳短文主题。对这一类题，需要特别注意听第一句话与最后一句话。短文最后一句话说遇到困难学会坚持而不放弃，才能成功，选项 B 是正确答案。

二、阅读

第一部分

46．【答案】E。

【解析】词义搭配法。动词"引起"指一种事情、现象或活动使另一种事情、现象或活动出现。常用表达有"B 由 A 引起""A 引起 B""引起 B 的原因是 A""B 是 A 引起的"，其中 A 常表示原因，B 常表示结果。例如："他的话引起大家一阵哄笑""火灾是由乱扔烟头引起的"。介词"由"表示方式、原因或来源。例如："由感冒引起了肺炎"。本题的句子解释了发生火灾的原因，在 ABCDEF 六个选项中，选项 E"引起"是正确答案。

47．【答案】A。

【解析】成分搭配法。"天色暗了下来"已经是个完整句，根据题目要求，要在一个完整句子的主语与谓语之间插入成分，插入的一般是修饰成分。根据汉语语法知识，谓语一般受副词修饰。ABCDEF 六个选项中，只有选项 A"逐渐"是副词，表示程度或数量随时间缓慢地变化。

48．【答案】C。

【解析】语境分析法。根据题目所给情境，结合词语之间的搭配关系，既能够与"第一次"搭配，又是关于朋友见面的，只有"约会"。约会是指两个或多个人事先约定一个地方见面。

49.【答案】D。

【解析】词义搭配法。本题考查考生对动宾搭配知识的记忆与运用。汉语中与"生意、买卖"搭配的动词是"做"。

50.【答案】B。

【解析】词义搭配法。"由……组成"是固定形式。介绍事物的结构时，有两种表达法：一种是"几个部分组成／构成整体"；另一种是"整体由几个部分组成／构成"。本题中句子的形式属于后者，即"这个国际组织由三个部门组成"，选项 B 正确。

51.【答案】E。

【解析】成分搭配法。本题是段简短对话，A 通过反问句"你让他来做"引出考点，考生做此类题时应从 B 说的话中寻找解题突破口。B 劝慰 A 别担心，因为自己和"他"是从小一块长大的朋友，相互了解，而与"了解"意思相关联的是"信任"。在"你（　）他吗？"中缺少的是谓语，动词可做谓语。"信任"是动词词性，指相信一个人，而放心让他去做重要的事情，后接人称代词或人名。所以正确答案是 E"信任"。

52.【答案】A。

【解析】成分搭配法。本题中 B 的前一分句说到王芳的优点，后一分句中的"只是"表示轻微的转折，随之提到王芳的缺点，语气舒缓。"只是胖了点儿"句子已经比较完整，所以可以推测此处需要一个副词来修饰"胖"。选项 AD 是副词，选项 D"够"表示量多，显然与表示量少的"点儿"不搭配。选项 A"稍微"表示程度不深、数量不多，常与"点儿"搭配，为正确答案。

53.【答案】B。

【解析】位置确定法。本题考查一词多义现象。副词"挺"修饰形容词，构成"挺＋形容词＋的"结构。ABCDEF 六个选项中，"精神"可以是名词，也可以是形容词。做名词时读"jīngshén"，是指人的意识、思维活动或一般心理状态；做形容词时，读"jīngshen"，形容一个人有活力、有生气。在这里，"精神"是形容词，指刘梅现在的精神状态很好。

54.【答案】C。

【解析】语境分析法。动词"受"即忍受、承受。"不了"是可能补语。"受不了"

指由于一些外在因素的影响让人不能忍受。在这里，因为人太多，声音太大，"我"无法忍受这么吵的声音，所以一夜都没睡好。

55.【答案】D。

【解析】词义搭配法。副词"够"表示程度高，或达到了某一种程度。"够朋友"是指这个人是真正的朋友，做了朋友应该做的事情。汉语中表示朋友重义气、讲情义，常说"够朋友、够哥们儿、够义气"。在这里，"我"昨晚喝多了酒，小土把"我"送到了家才离开，可见他是个真正的好朋友。

第二部分

56.【答案】C B A。

【解析】时间词确定法，即题目中若出现表示时间的词语，考生通常可以根据时间的先后确定句子的顺序。本题解题的突破口是叙述的时间顺序。ABC 三句话中分别出现"已是、五年时间、上次"等与时间有关的词，可以根据事情发生的时间先后，理出顺序。"上次"应最先发生，从上次到现在，中间过去了"五年时间"，现在"已是"一种新的状态。正确排序为CBA。按照事情发生的时间顺序排列句子，是排列顺序题常见的解题方法。在做类似的题目时，如果句子中出现了"过去""现在""将来""去年""今年""明年""上次""这次""下次"等表示时间的词语时，一般来说，应该按照从过去到现在再到将来的顺序排序。

57.【答案】B A C。

【解析】代词指代法。若句子中出现了"他""她""它""这""那""此""其""之"等代词，可以判定该句不是首句，此时应该找出这个代词指向的名词，而出现该名词的句子则是前句。本题中代词"它"是解题关键。"它"作为第三人称代词，在句子中出现时一定有所指。在"它"所表示的事物出现之后，才能用"它"来指称这种事物。由此可知句子 B 是第一句，在该句中"年画"第一次出现，第二次、第三次出现时，则可以用"它"来指称，句子 A 是第二句，句子 C 是第三句，"反映"与"寄托"所在的两个小句为并列关系，共同描述年画的意义。

58.【答案】B C A。

【解析】"相反"一词是解题关键。"周末"与"工作日"街上的交通情况是进行对比的内容，因此 AC 两句是紧密相连的。"相反"连接两个句子时，句式是"……，相反，……。"因此句子 C 在前，句子 A 在后。而造成堵车的原因是"有太多的私家车"，所以句子 B 在句子 C 前。

59.【答案】A C B。

【解析】"然而"一词是本题解题关键。"然而"表示转折，后面说"原谅别人比伤害自己更难"，那么"然而"前面的句子中必然出现了"原谅别人"，由此可知句子 C 在句子 B 前面。再根据语义逻辑，"原谅别人"的前提是"别人做了对不起你的事情"，句子 A 在句子 C 前面，正确的顺序是 ACB。

60.【答案】C A B。

【解析】副词"尤其"与"是"结合，组成"尤其是"结构，表示某一个体在一定范围内最突出、最具特色、最引人注目。表达相似含义的还有"特别是"，一般前面叙述整体情况，后面叙述个体情况。通读三个句子，句子 C 介绍背景情况，句子 A 介绍白酒价格的整体情况，句子 B 则指出突出个体，正确顺序应为 CAB。

61.【答案】A C B。

【解析】关联词搭配法。"即使……也……"是本题所要考查的关联词语。由此可知句子 C 排在句子 B 前面。"即使"引导的分句没有直接出现主语，因此主语可能在前面已经出现，即句子 A 中出现的"赵大宝"。

62.【答案】B A C。

【解析】提问法、关联词搭配法。转折关系是排列顺序题中的常见考点。句子 A 中有"虽然"，那么句子 C 必在句子 A 后。叙述的主题是方便面，句子 B 应排在第一句。

63.【答案】A C B。

【解析】关联词搭配法。分析同 61 题。考查让步状语从句"尽管……还是……"。

64.【答案】C A B。

【解析】关联词搭配法。本题考查关联词语"如果……就……"和连词"否则"。根据"如果……就……"的搭配可知句子 C 在句子 A 前。"否则"表转折，否认前文所述情况，与之同义的还有"不然、不然的话"，一般出现在"……，否则，……"

句式中，表示"如果不这样／那样做，会产生……后果。"找回信用卡密码，必须出示身份证原件，如果不这样做，信用卡只能作废。正确的排列顺序是 CAB。

65．【答案】B A C。

【解析】本题考查考生对"另外"的理解。"另外"表示"除此之外""此外"，是对说过的事情所做的补充说明。据此可知，句子 A 排在句子 C 之前。句子 A 中提到了"打印一份"，那么打印的宾语是什么呢？应该是句子 B 中出现的"材料"。

第三部分

66．【答案】B。

【解析】细节题，考查熟词僻义。"火"的主要词性是名词，但是也有形容词用法，表示"生意非常好，很兴旺"。张镇的餐馆生意很火，说明餐馆生意很好，赚了不少钱。

67．【答案】C。

【解析】细节题，考查"光"的副词意义，副词"光"表示"只、仅、单"。短文中说旅游归来，"包里光剩下一个空钱包"，即钱包里的钱花完了，这里还同时考查了考生对形容词"空"的判断理解，选项 C 是正确答案。

68．【答案】D。

【解析】这是一道计算题。"李霞每天的工作时间是王明的三分之二"，而"李霞每天工作 6 小时"，那么王明每天需要工作"6÷2/3=9 个小时"；由李霞每天挣 200 元，而她的"工资却是他的两倍"可知，王明每天挣"200÷2=100 元"，选项 D 是正确答案。

69．【答案】D。

【解析】"不得不"是解题关键。"不得不"表示"无可奈何，没有办法，只好"，选项 D 是正确的答案。

70．【答案】C。

【解析】本题是一道介绍地理文化知识的题目，考查考生对中华文化、中国地理概况的了解及对短文内容的理解。黄河是中华文化的发源地、中华民族的摇篮，被中国人尊称为"母亲河"。短文介绍的是一条河，可以很快排除选项A；黄河长5000多公里，而不是近5000公里，排除选项B。黄河是世界第五长河，而不是亚洲第五长河，排除选项D。其实如果考生熟知中国地理概况，无需阅读短文，也可得出答案。所以，考生在平时的汉语学习过程中，应加强这方面知识的积累。

71.【答案】A。

【解析】本题是一篇哲理短文，阐述了失败与成功的关系。通过对短文内容的概括，可知选项A是正确答案。本题也可以使用排除法，BCD三个选项中出现了"绝对否定"的表达。在客观选择题中，只要出现"绝对否定"表达的选项，一般不是正确答案，可以排除。

72.【答案】C。

【解析】短文对一种从国外进入中国的快餐进行了描述。这种快餐是20世纪末进入中国的，现在是21世纪头十几年，排除选项B。刚进入中国时，很受大家的欢迎，但是现在已经很少有人吃快餐了，可推断出快餐的生意并不好，排除选项D。选项A没有时间定语，与进入21世纪后人们的反应不符，排除。中国人现在很少吃快餐，原因是快餐的营养存在问题，选项C是正确答案。

73.【答案】A。

【解析】细节题，考查考生对汉语俗语、惯用语的理解与掌握。"脸皮厚"表示"不容易害羞"，选项A是正确答案。

74.【答案】B。

【解析】本题是道简单的推理题。"我"去上班，一路上受人笑话，"我"感到莫名其妙，最后同事小李一语道破"你这是什么打扮呀"，说明"我"被人笑话的原因是"打扮得很奇怪"，选项B是正确答案。

75.【答案】C。

【解析】本题考查学生对内容细节的把握。句中说"给我们上课的老师刚参加工作"，说明老师工作时间不长。

76.【答案】B。

【解析】短文对"我"的新车的特点作了介绍。"我"的新车价钱低，耗油量不高，既经济又环保，说明新车价钱合理，选项 B 是正确答案。

77.【答案】B。

【解析】短文将以前的工作和现在的工作进行了对比。现在的工作轻松，工资"马马虎虎够用"。考生须了解"马马虎虎"的意思，它有"一般程度，勉强凑合，还过得去"等意思。既然"够用"，说明现在的工作挣钱虽然不是很多，但也不会很少，选项 B 所述的内容不正确，是本题答案。

78.【答案】B。

【解析】短文内容与自然现象、天气变化相关。说话人的家乡在泰国，四季如夏，从未见过下雪，所以早上起来看到雪景时，"以为自己是在做梦"，不是真的做梦了。四个选项中只有选项 B 与短文内容相符，是正确答案。

79.【答案】B。

【解析】本题考查短文主旨，与 71 题相似。短文内容包含了一定的哲理，成功需要坚持，没有坚持难以成功。

80.【答案】B。

【解析】本短文是一篇小品文，描述的是两个人用同样多的钱，却买到不一样多的东西。原因在于二者使用了不同的方法。通读短文可以知道，小李只买到了香烟，小张却买到了香烟和火柴。解题关键词是"拒绝"和"爽快地答应"。售货员拒绝了小李，小李没买到火柴；答应了小张，小张买到了火柴。

81.【答案】D。

【解析】小李在买香烟之前，已经在跟售货员讨价还价，所以他的香烟只花了19 块 9 毛钱，省下的 1 毛钱买了火柴。一共花了 20 块钱，选项 D 是正确答案。

82.【答案】B。

【解析】本文是篇优美的小散文。文中将友情比喻成茶，随着时间的变化，茶会变淡，像白开水一样。但变淡了的茶并不意味着友情变淡，相反，这才是真正的友情，因为它的下面沉淀着片片茶叶。本题考查了修辞手法的运用，"白开水"象征着一般的关系，选项 B 是正确答案。

83.【答案】C。

【解析】本题需要考生归纳短文主旨。文章的主题句一般出现在文章的开头或结尾。本短文的主题句是最后一句"真正的友情是深藏在我们心底的，不会因时间的消逝而消减"。

84.【答案】C。

【解析】本题要求考生根据短文归纳"山"的特点。文中关于山的特点的描述有"壮观"和"宁静"，选项C是正确答案。

85.【答案】C。

【解析】中国的山水画，顾名思义，有山有水才为山水画，选项C是正确答案。

三、书写

第一部分

86.【答案】请大家按照先后顺序排队买票。

【解析】语序确定法。首先确定主语和谓语，主语应该是"大家"，谓语是"买票"。剩下的"先后顺序""按照""排队"，应该是谓语"买票"的方式，做状语。买票时要"排队"，怎么"排队"呢？应"按照先后顺序"，所以确定状语的内部语序应该是"按照先后顺序排队"，把状语放在谓语前，得出正确的句子：请大家按照先后顺序排队买票。

87.【答案】她本来是学习广告专业的。

【解析】句式套用法。该句中出现了"是""的"，可初步判断其为"是……的"句式。除去"是""的"两个词语，先把剩下的词语"本来""学习""她""广告专业"排列顺序，这样确定主谓宾后，得到"她学习广告专业"，"本来"作为副词，放在动词"学习"前，得到"她本来学习广告专业"。然后把"是"放在谓语"学习"前，"的"放在句末，得出句子：她本来是学习广告专业的。

88.【答案】我哥哥从来不接受别人的意见。

【解析】语序确定法。首先确定主语，该句中唯一的动词为"接受"，由此我们可以确定该句中的主语应该是"我哥哥"。该句中出现了"的"，后面应该接名词，该句中唯一的名词为"意见"，所以可以结合为"别人的意见"，做宾语。根据"主语＋状语＋谓语＋定语＋宾语"的基本语序，可以得出句子：我哥哥从来不接受别人的意见。

89.【答案】我到底该不该原谅他呢？

【解析】语序确定法、标志词确定法。该句中出现了"呢"，可以初步判断其为疑问句且"呢"放在句末，疑问句形式一般有"A 不 A""A 没 A"和"A 还是 B"等表选择的疑问句，或由"什么、谁、哪儿、怎么、多"等疑问代词引导的特殊疑问句。先确定主语"我"，谓语"原谅"，宾语"他"。可以得出句子：我到底该不该原谅他呢？

90.【答案】年轻老师的宿舍由学校提供。

【解析】句式套用法、标志词确定法。该句中出现了介词"由"，可以联想到"由"组成的特殊句式"由＋名词＋动词"，该句中唯一的动词是"提供"，可以组成"由学校提供"。"年轻"修饰人，可以得出"年轻老师的"，"的"后面跟名词，得出"年轻老师的宿舍"，即该句的主语。综上所述，可以得出句子：年轻老师的宿舍由学校提供。

91.【答案】千万不要放弃自己的理想。

【解析】标志词确定法。"千万"是副词，表示"一定，务必"的意思，常和"不要／别"连用，后接动词或动词短语。该句中动词是"放弃"，可以组合成"千万不要放弃"。"的"字后一般为名词，可以得到"自己的理想"。综上所述，可以得出句子：千万不要放弃自己的理想。

92.【答案】那朵白云好像一群小鸟在飞。

【解析】句式套用法。首先根据名词与量词的搭配，我们可以得出两个名词性短语："那朵白云""一群小鸟"。"好像"是动词，有常用句式"A 好像 B"，表示"A 和 B 相像、相似"。可以得出句子：那朵白云好像一群小鸟在飞。

93.【答案】这位护士热情地对待每个病人。

【解析】语序确定法、标志词确定法。根据量词与名词的搭配，可以得出"这位护士"。该句中的动词是"对待"。"地"一般是状语的标志词，放在动词之前，由此可以得出"热情地对待"。再根据汉语的基本语序"定语＋主语＋状语＋谓语＋定语＋宾语"，得出句子：这位护士热情地对待每个病人。

94.【答案】厨房的冰箱里放满了新鲜的水果。

　　【解析】句式套用法、标志词确定法。"冰箱里"表示场所，但是没有出现相应的介词，此时可以猜测此句是存现句，存现句的形式为"处所词＋动词＋助词／补语＋名词"。"的"后面跟名词，根据词义搭配，可以确定两组搭配"新鲜的水果""厨房的冰箱里"。综上所述，可以得出句子：厨房的冰箱里放满了新鲜的水果。

95.【答案】他不小心把护照弄丢了。

　　【解析】句式套用法。该句中出现了"把"字，我们可以确定其为"把字句"，基本形式是"A＋把＋B＋动词＋补语"。"不小心"在句子中做状语，放在"把"字前。由此可以得出句子：他不小心把护照弄丢了。

第二部分

96.【参考答案】医院里禁止吸烟。／医院里不可以抽烟。

97.【参考答案】饺子的味道好极了。

98.【参考答案】中国人见面时常常握手。

99.【参考答案】她在挂衣服。

100.【参考答案】街道上很热闹。

【得分要点】

1. 造句时一定要使用题中所给词语。
2. 所造句子要与图片内容相关。
3. 保证句子语法正确，表义清晰。尽量造简单句，避免长句。
4. 检查句中是否有错别字，句子是否完整。
5. 句子要有标点符号，汉语单句常用标点符号有"。""？"和"！"。根据所造句子选用正确的标点符号。

新汉语水平考试

HSK（四级）模拟试卷②

注　　意

一、HSK（四级）分三部分：

 1．听力（45题，约30分钟）

 2．阅读（40题，40分钟）

 3．书写（15题，25分钟）

二、听力结束后，有5分钟填写答题卡。

三、全部考试约105分钟（含考生填写个人信息时间5分钟）。

一、听 力

第一部分

第 1—10 题：判断对错。

例如：我打算暑假去成都旅游，不知道你有没有时间。如果有时间，我们可以一起去吗？

　　　　★他打算去成都旅游。　　　　　　　　　　　（ ✓ ）

　　我现在很少去教室自习，不是我不想去，而是因为最近天气不好，天天下雨，我觉得去教室自习很麻烦。

　　　　★他现在经常去教室自习。　　　　　　　　　（ × ）

1．★玛丽现在学的是法律专业。　　　　　　　　　（　　）

2．★"我"的邮箱密码是 AD0843。　　　　　　　　（　　）

3．★白色的那款 37 块一件。　　　　　　　　　　（　　）

4．★爸爸走路上班只是为了锻炼身体。　　　　　　（　　）

5．★老婆不喜欢"我"抽烟。　　　　　　　　　　（　　）

6．★泥石流造成 32 人死亡，26 人受伤。　　　　　（　　）

7．★所有餐费加起来一共 34 块 5 毛钱。　　　　　（　　）

8．★小张说到做不到，"我"不喜欢他。　　　　　（　　）

9．★妹妹的手机功能多，"我"一点儿也不羡慕。　（　　）

10．★李冰聪明、漂亮，不乱花钱。　　　　　　　（　　）

第二部分

第11—25题：请选出正确答案。

例如：女：快点儿走吧，马上要上课了！

　　　　男：没关系的，现在是两点半上课，还有半个小时呢！

　　　　问：现在是什么时间？

　　　　A 两点半　　　　　　B 上课了　　　　　　C 两点√　　　　　　D 不知道

11. A 厨房　　　　　　B 食堂　　　　　　C 菜市场　　　　　　D 超市

12. A 一块五　　　　　B 一块二　　　　　C 八块四　　　　　　D 十块五

13. A 小红想知道他还有没有别的爱好　　　　B 小红和他一样喜欢听京剧
　　 C 小红并不喜欢听京剧　　　　　　　　　D 小红听不懂京剧唱的是什么

14. A 男的对丽丽很失望　　　　　　　　　　B 男的和丽丽是师生关系
　　 C 丽丽高考考得不太好　　　　　　　　　D 男的觉得丽丽不是很成熟

15. A 男的已经被急死了　　　　　　　　　　B 飞机将在明天到达巴黎
　　 C 老板参加国际会议去了　　　　　　　　D 女的不怕公司老板

16. A 同学　　　　　　B 同事　　　　　　C 亲戚　　　　　　D 夫妻

17. A 刘明技术很好　　　　　　　　　　　　B 刘明经验丰富
　　 C 刘明是个值得培养的好员工　　　　　　D 刘明做事没计划，遇事也不冷静

18. A 经理选择南航的航班   B 经理对女的很不满意

    C 经理选择国泰的航班   D 经理不想决定，因为这是小事

19. A 22 个   B 176 个   C 154 个   D 198 个

20. A 跟火炉一样   B 热得让人受不了

    C 很不凉快，热死人了   D 很凉快，不太热

21. A 13 年   B 17 年   C 2 年   D 15 年

22. A 他心里并不难受，所以他没有哭   B 他受伤了，还流了血

    C 女的是他妈妈，她要离开他   D 男人可以流血，但不能随便流泪

23. A 她想先去弹钢琴再去打羽毛球   B 她不想去打羽毛球

    C 她不想去弹钢琴   D 她同意了男的的建议

24. A 阿东觉得她做的汤和妈妈做的一样好喝

    B 阿东觉得她做的汤比妈妈做的好喝

    C 阿东觉得她做的汤很成功

    D 阿东不太喜欢她做的汤，但不敢直说

25. A 公司老板   B 公司秘书   C 公司主任   D 公司经理

第三部分

第 26—45 题：请选出正确答案。

例如：男：玛丽，你去哪里啊？

女：去开会啊，不是说今天下午三点在留学生办公室开会吗？你还
不去？

男：是吗？我怎么不知道啊！没有人告诉我。

女：现在我不是告诉你了吗？快点儿准备准备，我们一起去吧！

男：太谢谢你了，幸亏遇到了你。

问：今天在哪里开会？

A 在留学生办公室 ✓　　　　　　B 在教室

C 在图书馆　　　　　　　　　　D 在玛丽的宿舍

26. A 今天下午一点三刻　　　　　B 今天下午三点一刻

C 明天上午十点三刻　　　　　D 明天晚上十点三刻

27. A 他们是师生关系　　　　　　B 女的很重视孩子的学习成绩

C 学习成绩决定了孩子的未来　　D 女的认为已经没有未来了

28. A 女的是小姑娘的妈妈

B 大伟不知道什么叫弹钢琴

C 女的觉得小姑娘有点儿成熟，但还算漂亮

D 男的是小姑娘的爸爸

29. A 小美骗了他　　　　　　　　　　　B 他也想每天坚持跑步

　　C 他每天都跑五公里　　　　　　　　D 小美现在没有以前苗条

30. A 小辉生病了，可还是坚持上学　　　B 爸爸不知道小辉生病了

　　C 小辉骗了爸爸　　　　　　　　　　D 爸爸不相信小辉没去上学

31. A 男的是梅梅的男朋友

　　B 梅梅很爱男的

　　C 听了梅梅妈妈的话男的可能会很失望

　　D 梅梅的男朋友没有男的帅，也没有同情心。

32. A 朱阿姨救过他儿子　　　　　　　　B 他儿子十八岁了

　　C 他和儿子顺便去看看朱阿姨　　　　D 朱阿姨一直照顾他儿子

33. A 这条裙子不是名牌产品，丹丹不喜欢

　　B 丹丹认为男的把在中国生产的裙子说成法国货，骗了她

　　C 丹丹觉得这条裙子太便宜了

　　D 丹丹穿上这条裙子后发现既不时尚也不漂亮

34. A 女的不是个学习努力的学生　　　　B 女的昨天去听了男的的课

　　C 男的没有告诉学生考试范围　　　　D 男的昨天没去上课

35. A 这双鞋很便宜，女的想买　　　　　B 这双鞋质量好，女的想买

　　C 这双鞋太贵了，女的不想买　　　　D 买一送一，女的赚了

36. A 交通发达，卫生条件好   B 孩子们可以接受良好的教育

     C 自然环境优美，空气新鲜   D 没有城市那么安静

37. A 娱乐活动比较少，不是很热闹   B 不能给孩子提供良好的教育环境

     C 交通发达，生活便利   D 环境污染严重

38. A 老张喜欢吃甜食   B 老张喜欢流行歌曲

     C 老张是个爱赶时髦的人   D 老张喜欢看报纸

39. A 她正在读博士   B 她是老张的老婆

     C 她平时不爱看杂志，爱听京剧   D 她做事冷静却没有耐心

40. A 沙发、羽毛球、全自动照相机   B 笔记本、毛巾、各种瓶子

     C 垃圾桶、钢琴、飞机票   D 小工具、镜子、巧克力

41. A 网上购物很花钱   B 网上购物方便快捷

     C 妈妈很了不起   D 妈妈很爱逛淘宝店

42. A 家里收入不好，没钱寄

     B 妈妈不知道银行在哪儿，无法寄

     C 小军很淘气，不听话，妈妈不想寄

     D 店里生意很好，妈妈太忙，没时间寄

43. A 小军想离开妈妈   B 小军不知道妈妈赚钱很辛苦

    C 妈妈很爱小军   D 小军不想在国内学习

44. A 律师   B 历史学家   C 导游   D 游客

45. A 现在的黄鹤楼就是三国时期的黄鹤楼

    B 黄鹤楼是中国最著名的四大古楼之一

    C 黄鹤楼高五十一点四米

    D 黄鹤楼在 1981 年被重新修建过

二、阅 读

第一部分

第 46—50 题：选词填空。

A 科学　　B 意见　　C 苦　　D 趟　　E 刮　　F 坚持

例如：她每天都（　F　）走路上下班，所以身体一直很不错。

46. 今天下午发生的特大泥石流给交通带来了极大的破坏，导致今晚由武汉开往广州的最后一（　　　）列车整整晚点了五个小时。

47. 这家公司对员工的仪表要求十分严格：女员工必须将头发扎起来，男员工必须把胡子（　　　）净。

48. 与会专家在报告中对这一自然现象产生的原因解释得并不十分（　　　）。

49. 她的儿子大学毕业后找到了一份稳定且薪水高的工作，邻居们都在感叹，说她这二十几年来实在不容易，现在（　　　）日子总算熬到头了。

50. 这个草案虽然通过了，但是大家对它依然有（　　　）。

第 51—55 题：选词填空。

A 误会　　B 省　　　C 辛苦　　D 抬　　E 弹　　F 温度

例如：A：今天真冷啊，好像白天最高（　F　）才 2℃。

　　　　B：刚才电视里说明天更冷。

51. A：包裹这么重，你一个人扛得动吗？

　　 B：我确实扛不动，要不你和我（　　　　）吧。

52. A：小敏妈妈，我们家小丽想学一门才艺，可又不知道学什么好。

　　 B：这得看个人喜好。我们家小敏从小就对音乐感兴趣，最喜欢（　　　　）
　　　　钢琴了。

53. A：刘明，你怎么来上班了？你昨天不是说要我给你请假吗？我已经帮
　　　　你请好了呀!

　　 B：你（　　　　）我的意思了。我是说，如果我没来上班就给我请假，来
　　　　了就不需要了。

54. A：小王，明天去北京的机票还没订吧，这事还得（　　　　）你一趟啊。

　　 B：没关系，张总。我吃完午饭就去帮您订。

55. A：我们坐高铁去广州怎么样？三个小时就能到。

　　 B：时间是（　　　　）下了，可钱得多花一倍呢。

第二部分

第56—65题：排列顺序。

例如：A 可是今天起晚了

　　　B 平时我骑自行车上下班

　　　C 所以就打车来公司　　　　　　　　　　　　B　A　C

56. A 先秦时期，儒家学说只是组成当时思想体系的一部分

　　　B 它已经成为中国甚至整个亚洲最具影响力的学说

　　　C 但是，经过几千年的发展　　　　　　　　_____

57. A 现在却是和平与友谊的象征

　　　B 原本只是一项包含多种体育运动项目的国际性运动会

　　　C 奥林匹克运动会，简称"奥运会"　　　　_____

58. A 应该充分考虑住户的舒适度、安全度与享受度

　　　B 从楼房设计理念来讲

　　　C 然而，目前的楼房设计大多忽略了这些　_____

59. A 普通话水平测试是中国为了提高人们的普通话水平而设置的一种口语
　　　测试

　　　B 而是被测试者的发音水平

　　　C 它应当反映的不是被测试者的口才水平　_____

60. A 中国的茶文化历史悠久

    B 这充分体现了中华民族热情好客的文化传统

    C 自古就有"客来敬茶"的习俗 ＿＿＿＿＿＿＿

61. A 还是寒冬腊月

    B 不管是三伏酷暑

    C 王伯伯都会按时起床为邻里打扫街道 ＿＿＿＿＿＿＿

62. A 瓷器的发明对世界文明的发展产生了巨大的影响

    B 所以，在英文里，瓷器与中国同名

    C 而中国则是瓷器的故乡 ＿＿＿＿＿＿＿

63. A 火药的发明已经有一千多年的历史

    B 是道家的炼丹师们在寻求长生不老药的过程中炼造出来的

    C 它的产生具有一定的偶然性 ＿＿＿＿＿＿＿

64. A 其实，"啤酒肚"跟喝啤酒没有什么关系

    B 它是因为营养过剩引起的

    C 很多人认为，"啤酒肚"是由于喝啤酒过多而造成的 ＿＿＿＿＿＿＿

65. A 给自己也给国家带来荣耀

    B 在世界大型乒乓球比赛中，他们往往包揽各大比赛的金牌

    C 中国队的乒乓球选手是世界上最优秀的乒乓球选手 ＿＿＿＿＿＿＿

第三部分

第 66—85 题：请选出正确答案。

例如：她很活泼，说话很有趣，总能给我们带来快乐，我们都很喜欢和她在一起。

　　★ 她是个什么样的人？

　　A 幽默 ✓　　　　B 马虎　　　　　C 骄傲　　　　　D 害羞

66. 张迪既会画画，又会弹奏多种乐器，还会写现代诗歌。他真是太有才了。

　　★ 短文中的"才"是什么意思？

　　A 人才　　　　　B 才能　　　　　C 刚才　　　　　D 学问

67. 法律是国家的基本准则，每个人都必须遵守。如果某人违反法律，必然会受到法律的制裁。从事法律工作的人社会地位也比较高，因为他们是正义的化身，所以很多学生选择学习法律专业。

　　★ 根据短文，可以知道：

　　A 人人必须守法　　　　　　　B 法律可以制裁任何人

　　C 没有人选择学习法律专业　　D 律师不会被法律制裁

68. 这种饮料不仅口感很好，而且富含维生素，最重要是不含任何食物添加剂。如果被引进中国市场，肯定会大受欢迎。

　　★ 根据短文，可以知道：

　　A 这种饮料维生素含量少

B 这种饮料在中国销量不好

C 这种饮料喝起来感觉不好

D 这种饮料若被引进中国，销量将会不错

69. 他高考那年，父母突然因车祸死亡。得知噩耗后，他悲痛欲绝。幸亏有老师和同学的帮助，他才挺了过去，考上了理想的大学。

★ "他"怎么了？

A 放弃了高考   B 坚持参加了高考

C 没有考上大学   D 高考失利了

70. 桂林，位于广西壮族自治区的东北部，是中国著名的旅游城市，中国历史文化名城之一，面积 27797 平方千米。这里的山峰挺拔秀丽，岩洞幽深瑰丽，素有"桂林山水甲天下"的美誉。主要景点有漓江、象鼻山、七星岩等。

★ 关于桂林，下面哪一项正确？

A 中国最有名的历史文化城市   B 位于中国广东省东北部

C 漓江是桂林最美丽的风景区   D 山水优美，景色秀丽

71. 古时候，儿女婚姻都是父母做主。随着时代的发展，人们的思想渐渐开放。现在年轻人结婚都是自己做主，父母一般不干涉儿女的决定，他们只是给儿女一些建议。

★ 根据短文，可以知道：

A 现在结婚还是父母做主

B 以前结婚可以自己做主

C 现在父母依然干涉儿女的婚姻大事

D 以前结婚都是父母说了算

72. 王海这人从不说真话，即使对妻子也一样。结婚十多年，妻子还不知道他的收入到底有多少。

★ 根据短文，可以知道：

A 王海的妻子不想听真话

B 王海的妻子不清楚王海每月有多少工资

C 王海只在妻子面前说真话

D 王海是个诚实的人

73. 前天我就跟刘梅约好，周末去东湖赏梅花。谁知那天我早早就到了东湖，却连她的影儿都没看见。原来刘梅把这事全忘了，差点儿没把我气死。

★ 根据短文，下面哪项是不正确的？

A "我" 提前到了东湖   B "我" 没看见刘梅

C 刘梅虽然迟到了，但还是来了   D "我" 非常非常生气

74. 在公司里，大家都不愿意跟他在一个小组工作，因为他三天两头请假，总不能按时完成任务。所以，谁跟他合作谁就会挨领导批评。

★ "他" 怎么样？

A 和同事关系很好   B 总是按时完成任务

C 经常请假   D 经常受到表扬

75. 中国人婚丧嫁娶的风俗很特别。结婚时，新郎和新娘都要穿红色的衣服，家里要贴 "囍（红双喜字）"，因此，结婚是 "红喜事"；办理丧事时，晚

辈们要穿白色的孝服，家里要贴白色挽联，所以，丧事被称为"白喜事"。

★ 根据短文，可以知道：

A 全世界的新郎和新娘结婚时都穿红色衣服

B 在中国，丧事也被称为"白喜事"

C "红双喜字"和挽联的颜色一样

D 在中国，结婚时全家人都要穿红色的衣服

76. 飞机的速度是其他任何交通工具都无法比拟的，但飞机飞行对天气的要求很高。一旦出现大雾雨雪天气，飞机就会因无法正常飞行而晚点或被迫降落，所以，有时候坐飞机也并不比坐其他交通工具方便。

★ 飞机：

A 速度最快　　　　B 最节省时间　　　　C 起飞很准时　　　　D 很少晚点

77. 妹妹以前从没有做过菜，昨天她尝试着做了一次，没想到做出来的菜还真不赖，不咸不淡正好。

★ 根据短文，下面哪项是不正确的？

A 妹妹做的菜不错　　　　　　　　B 妹妹做菜时忘记放盐

C 这是妹妹第一次做饭　　　　　　D 妹妹做的菜咸淡正好

78. 去年夏天，爸爸来武汉看我，却遇上了武汉百年难见的特大暴雨。整个城市变成汪洋大海，交通完全崩溃。因此，武汉给爸爸留下了深刻的印象。

★ 根据短文，下面哪项是正确的？

A 武汉靠近大海

B 爸爸对武汉印象深刻

C 在武汉经常下特大暴雨

D 大暴雨并没有影响到城市的交通

79. 这个乐队是由五个男孩组成的。男孩们不仅个个帅气十足,性格活泼开朗,而且歌声优美,深受广大歌迷们的喜爱。

★ 根据短文,下面哪项是不正确的?

A 歌迷很喜欢他们　　　　　B 乐队一共有五个人

C 他们长得很帅　　　　　　D 他们唱歌并不好听

80—81.

城市的规模越来越大,农村的土地却越来越少。有人说,这是经济发展的必然结果;有人说,这是人口流动产生的现象;也有人说,这是城市农村二元化发展的集中体现。因为虽然中国有近80%的农民,但是很大一部分农民已经告别土地,涌进城市寻求发展。这一变化,使得城市需要继续扩大,从而不断地占用农村的土地。

★ 中国的城市:

A 人口在减少　　　　　　　B 经济发展缓慢

C 规模越来越大　　　　　　D 人口流向农村

★ 关于中国的农民,下面哪项是正确的?

A 中国的农民占中国人口的一小部分

B 中国的农民不愿意进入城市

C 农民中有一部分人告别土地,到城市发展

D 中国的农民是中国有钱人的一部分

82—83.

每个人每天都会产生很多垃圾，这些垃圾真的毫无用处了吗？答案是否定的。只要我们通过简单地分类，将垃圾分为纸、玻璃、金属和塑料，然后再根据这些分类集中回收处理，就可以对垃圾进行再次利用。这样不仅节省资源，而且有利于环境保护。

★ 根据短文，矿泉水瓶属于哪一分类？

A 纸　　　　　　B 玻璃　　　　　C 金属　　　　　D 塑料

★ 这段短文说明了什么？

A 垃圾很有用　　　　　　　　　B 对垃圾回收处理，意义重大

C 我们每天产生很多垃圾　　　　D 垃圾对环境造成了破坏

84—85.

以前，很多夫妻由于工作原因不能在同一个城市生活，只能通过写信来联络感情。他们的情感不仅没有因空间的阻隔淡化，反而加深了，这就是所谓的"距离产生美"。现在，虽然科学技术越来越发达，空间再也不是阻隔人们情感表达的决定性因素，如一对分居武汉与广州的夫妻，坐高铁只需三个小时就能见面，但是，他们的感情还是无法长久，这就是所谓的"异地恋不靠谱"。

★ 根据短文，下列哪项属于"异地恋"？

A 生活在同一个城市的夫妻或情侣

B 生活在同一城市，离了婚的夫妻

C 生活在不同城市的夫妻或情侣

D 不准备结婚的情侣

★ 根据短文，什么是"不靠谱"？

A 靠不住　　　　B 与乐谱不符　　　C 不依靠乐谱　　　D 靠得住

三、书 写

第一部分

第 86—95 题：完成句子。

例如：那座桥　　800 年的　　历史　　有　　了

那座桥有 800 年的历史了。

86. 问题　　关心　　食品安全　　全世界　　都在

87. 这本　　学生们　　小说　　很受　　欢迎

88. 花了　　才找到　　这家　　两个小时　　我　　书店

89. 把　　漂漂亮亮　　自己　　打扮得　　她　　总是

90. 鲜花　　开满　　花园里　　了　　五颜六色的

91. 放　　学校　　时候　　暑假　　你们　　什么

92. 汉语水平　　招聘要求　　十分　　他的　　符合　　该公司的

93. 感动了　　友谊　　他们的　　被　　观众们

94. 体育运动　　健康　　有好处　　坚持　　对

95. 空气　　啊　　新鲜　　雨后的　　多么

第二部分

第 96—100 题：看图，用词造句。

例如：　　　　　　　　　　乒乓球　　她很喜欢打乒乓球。

96．　　　　　爱

97．　　　　　酸

98．　　　　　作业

99．　　　　　幸福

100．　　　　突然

新汉语水平考试 HSK（四级）模拟试卷② 听力材料

（音乐，30秒，渐弱）

大家好！欢迎参加 HSK（四级）考试。

大家好！欢迎参加 HSK（四级）考试。

大家好！欢迎参加 HSK（四级）考试。

HSK（四级）听力考试分三部分，共 45 题。

请大家注意，听力考试现在开始。

第一部分

一共 10 个题，每题听一遍。

例如：我打算暑假去成都旅游，不知道你有没有时间。如果有时间，我们可以一起去吗？

★ 他打算去成都旅游。

我现在很少去教室自习，不是我不想去，而是因为最近天气不好，天天下雨，我觉得去教室自习很麻烦。

★ 他现在经常去教室自习。

现在开始第 1 题：

1. 玛丽以前学的是法律专业，因为她想成为一名律师。不过后来她转专业了，改学新闻与传播学，她爸爸为此还特意买了一台相机送给她。

★ 玛丽现在学的是法律专业。

2. 今天登录邮箱时，我怎么也记不起邮箱密码了，只好一次次地试。第一次输入 AD0843，第二次输入 DA0843……连续输入了十次，都不对。

★ "我"的邮箱密码是 AD0843。

3. 红色的这款十八块五一件，白色的那款比红色的贵一倍，但是质量比红色的好，毕竟一分钱一分货嘛。

★ 白色的那款 37 块一件。

4. 爸爸一直走路上班，问他为什么，他说走路上班可以节省能源，防止空气污染，保护环境。另外，还可以锻炼身体。

★ 爸爸走路上班只是为了锻炼身体。

5. 老婆，我向你保证，以后再也不抽烟了！你就原谅我吧，我给你道歉还不行吗？

★ 老婆不喜欢"我"抽烟。

6. 大家好，我是新华社记者张杨，现在在湖南省岳阳县为大家做现场报道：今天凌晨三点这里发生了特大泥石流，造成 26 人死亡，32 人受伤。

★ 泥石流造成 32 人死亡，26 人受伤。

7. 您点了酸辣汤一份，5 块；鱼香肉丝一份，6 块 5；水果沙拉一份，12 块；饭后甜点一盘，11 块；免费米饭两碗。您还需要什么吗？

★ 所有餐费加起来一共 34 块 5 毛钱。

8. 小张一会儿说帮我修电脑，一会儿又说请我看电影。结果到现在既没来给我修电脑，也没请我看电影。真没想到这人说话这么不算数。

★ 小张说到做不到，"我"不喜欢他。

9. 妹妹的手机功能很多，可以打电话、发短信、聊 QQ、发电子邮件、玩游戏、拍照，我真想也有一部这样的手机。

★ 妹妹的手机功能多，"我"一点儿也不羡慕。

10. 李冰聪明、漂亮，对我们家明明也很好，就是花钱太大手大脚了，这样过日子可不行。您要不给明明重新介绍一个吧。

★ 李冰聪明、漂亮，不乱花钱。

第二部分

一共 15 个题，每题听一遍。

例如：女：快点儿走吧，马上要上课了！

　　　男：没关系的，现在是两点半上课，还有半个小时呢！

　　　问：现在是什么时间？

现在开始第 11 题：

11. 男：师傅，来二两米饭，一个青椒炒肉丝，一个洋葱炒猪肝。

　　女：对不起，同学，没有洋葱炒猪肝，只有胡萝卜红烧肉。

　　问：这段对话发生在哪里？

12. 女：西红柿多少钱一斤？

　　男：买十斤以内 1 块 5，十斤以上 1 块 2，您要多少？

　　问：买七斤西红柿要花多少钱？

13. 男：小红，我们听京剧去。听说这回表演的可是从北京来的名角儿。

　　女：听京剧听京剧，除了京剧你就没点儿别的爱好？

　　问：小红是什么意思？

14. 女：为了我高考，您花了不少心血。可我却没考好，您一定很失望吧？

　　男：丽丽，我怎么会失望呢？有了这次经历，你成熟了很多，我应该为你

　　　　感到骄傲啊！

　　问：根据对话我们可以知道什么？

15. 男：看来飞机是不会按时起飞了，真是急死人了！明天赶不到伦敦又得挨

　　　　老板批评了。

　　女：别担心，老板才没空管咱们呢。她代表公司去巴黎参加国际会议了。

　　问：下面哪项是正确的？

16. 女：你看人家小李又给老婆买了一个又贵又高级的包包，听说还是进口的呢！

　　男：你是不是很羡慕呀？羡慕也没用，我是不会给你买的！

　　问：他们是什么关系？

17. 男：刘明这个人怎么样？听说他技术很好，经验丰富，领导很重视他，想培养他。

    女：刘明遇到问题往往不够冷静，做事也缺少计划。

    问：女的是什么意思？

18. 女：经理，这次去欧洲访问您打算乘坐哪次航班？南航的还是国泰的？

    男：这样的小事还要我来决定，你是不是不想要工资了啊？

    问：根据对话我们可以知道什么？

19. 男：公司生产的这批盒子，有多少是合格的？

    女：报告老板，合格率达百分之八十八，比去年提高了十一个百分点。

    问：根据对话，现在生产 200 个盒子有多少是合格的？

20. 女：小刚，你在武汉生活习惯吗？听说武汉是出了名的"火炉"，现在是不是很热啊？

    男：是啊，有时候真热得让人受不了！不过，最近倒是很凉快！

    问：武汉最近的天气怎么样？

21. 男：这里真是咱们的家？我怎么一点儿印象都没有？

    女：离开的时候你才两岁多一点儿，转眼十五年过去了，没有印象是自然的。

    问：他们离家多少年了？

22. 女：你妈妈刚走，心里很难受吧？难受就哭出来吧，不要总憋在心里。

    男：妈妈在的时候曾教导我"男儿流血不流泪"，她希望我做一个坚强的人。

    问：根据对话我们可以知道什么？

23. 男：从今天起，学校体育馆免费向学生开放。我们下午就去打羽毛球好吗？

    女：打羽毛球？还不如陪我去弹钢琴呢！

    问：女的是什么意思？

24. 女：阿东，我做的汤还可以吧？是不是跟你妈妈的手艺一样？

    男：嗯，是不错。不过这汤为什么是甜的呢？

    问：根据对话下面哪项可能是正确的？

25. 男：张秘书，请你把公司的财务计划书给我拿过来，老板下午过来开会，我还需要详细地核实一下。

女：好的，我这就去拿。不过，主任，刚才经理过来通知了，下午的会议
　　改到明天晚上了。

问：男的是谁？

第三部分

一共 **20** 个题，每题听一遍。

例如：男：玛丽，你去哪里啊？

　　　女：去开会啊，不是说今天下午三点在留学生办公室开会吗？你还不去？

　　　男：是吗？我怎么不知道啊！没有人告诉我。

　　　女：现在我不是告诉你了吗？快点儿准备准备，我们一起去吧！

　　　男：太谢谢你了，幸亏遇到了你。

　　　问：今天在哪里开会？

现在开始第 26 题：

26. 女：经理，资料我已经复印好了，放在您的办公桌上了，还有别的事吗？

　　男：谢谢！麻烦你通知一下办公室主任，下午的会议推迟了，让她重新安
　　　　排一下！

　　女：好的，会议推迟到几点？

　　男：原定今天下午三点一刻的会议推迟到明天上午十点三刻。

　　女：好的，明白了，我这就去通知。

　　问：会议推迟到什么时候举行？

27. 男：以后在孩子面前说话客气点儿，他已经不是小孩子了。你总在同学面
　　　　前这么说他，他很没面子的！

　　女：你以为我想管他啊！你看看他的成绩！

　　男：学习成绩并不能完全决定孩子的未来。

　　女：没有好的成绩怎么考重点大学？还谈何未来！

　　问：根据对话我们可以知道什么？

28. 女：这个弹钢琴的小姑娘看起来真成熟，一点儿都不漂亮，钢琴弹得也不是很好！

    男：是吗？我觉得弹得还不错。

    女：等一下您看我们家大伟表演，那才叫弹钢琴呢。（顿了顿）您的孩子呢，表演什么？

    男：她正在台上弹钢琴呢！

    问：下面哪项是正确的？

29. 男：小美，一个月不见，你怎么就变得这么苗条了，人也更漂亮了。

    女：原因很简单，每天坚持跑步。

    男：真的吗？

    女：我还骗你不成？每天五公里，让我漂亮了，苗条了。一个月瘦了10公斤，神奇吧？

    男：看来我也应该试一试。

    问：男的是什么意思？

30. 女：你好！我是育才中学的李老师，小辉的班主任。请问小辉在家吗？

    男：哦，李老师您好！我是小辉的爸爸，他已经去上学了！

    女：是吗？可他的同学给他请了假，说小辉生病了，不能来上学。所以我打电话问问。

    男：明明好好儿的，却装病不去上学，看我怎么收拾他！

    问：根据对话我们可以知道什么？

31. 男：伯母您好！梅梅不在家吗？

    女：可不，今天是她研究生开学第一天，一早就上学校报到去了。

    男：哦，都研究生了啊！（停了停）伯母，梅梅有没有跟您说起过我？不知她对我印象如何。

    女：梅梅夸你人长得帅，钢琴弹得好，外语说得流利，还很有同情心。

    男：说了这么多啊！

    女：那是当然，她还说啊，你都赶得上她男朋友了！

    问：下面哪项是正确的？

32. 女：大牛，这是你儿子吧？都这么高了！

男：是啊，朱阿姨，您老记忆力可真好！当年他跟我们一起去海南的时候才两岁，这么一丁点儿大，没想到您还记得他！

女：是啊，转眼就成大小伙儿了。十八年了，变化真不小啊！

男：朱阿姨，您老要保重身体！赶明儿我带儿子专程去拜访您！

女：要是路过，就顺便进屋坐坐。不用专程来看我这个老太婆！

男：一定得去看看您老人家，当年要不是您，这孩子可就没了！

问：大牛是什么意思？

33. 男：丹丹，你看这是什么？

女：啊，裙子！这么漂亮！是给我的吗？

男：当然！我从法国带回来的，看起来是不是又时尚又漂亮？在巴黎，女孩儿们都穿这种裙子。

女：你对我真好！（看裙子，几秒钟后）什么？我不要了！你就知道骗人！

男：我怎么会骗你！我怎么敢骗你！亲爱的，你怎么了？

女：哼，还说从巴黎带回来的，标签上明明写着"中国制造"！

问：丹丹为什么会突然生气？

34. 女：明天就要考试了，您给我说说考试范围和考试重点好吗？

男：昨天上课的时候我已经说过很多遍了，你应该知道的啊！为什么现在还问？

女：您说了吗？我怎么不知道？

男：什么？昨天我在东十楼 A 座 425 教室上了四节课，难道还会有错？

女：天啊！我在 524 教室也听了四节课啊！我还一直奇怪呢，怎么昨天的您跟今天的您长得一点儿都不像啊！

问：根据对话我们可以知道什么？

35. 男：过来看一看啦,过来瞧一瞧啦,本店大降价,名牌大甩卖。过来看一看啦，买一送一啦！

女：老板，这鞋怎么卖？

男：这鞋，便宜！一双才 288！您试试，穿上保证让您大变样！

女：这鞋也值 288？你当我三岁小孩儿啊！

男：这您就有所不知了，一分钱一分货嘛，您看看这鞋这质量！全国第一！

问：根据对话我们可以知道什么？

第 36 到 37 题是根据下面一段话：

在我看来，城市和乡村各有各的优点和缺点。城市交通发达，卫生条件好，生活便利，孩子们可以接受良好的教育。但是，城市环境污染严重。乡村则自然环境优美，空气新鲜，生活安逸。不过乡村娱乐活动比较少，没有城市那么热闹，最重要的是不能给孩子们提供良好的教育环境。

36．乡村的优点有哪些？

37．城市的缺点有哪些？

第 38 到 39 题是根据下面一段话：

老张是个爱赶时髦的人，凡是流行的东西他都要学学，比如说看见儿子上网聊QQ、交网友，他也申请了个QQ号，也交了好些个网友。其中一个网名叫"西红柿博士"的女网友和老张最聊得来。老张喜欢吃辣，她也喜欢；老张遇事冷静有耐心，她也差不多；老张平时爱看杂志听京剧，她对这些也感兴趣。就在他们商量见面的那天晚上，老张发现，他老婆也有QQ号，网名也叫"西红柿博士"。

38．老张是个什么样的人？

39．关于老张的网友下面哪项是正确的？

第 40 到 41 题是根据下面一段话：

妈妈退休后，迷上了网上购物，没事就爱逛淘宝店，还开通了网上银行账户。现在我们家小到笔记本、镜子、小工具、小盒子、各种瓶子、毛巾、巧克力、牙膏、乒乓球、垃圾桶，大到钢琴、电脑、全自动洗衣机、家具等都是妈妈在网上选购的。有一次我急着要出差，却买不到当天的飞机票。正急得不知如何是好时，妈妈竟然在网上帮我买到了。网上购物真是方便快捷啊！

40．妈妈没有在网上买下面哪些东西？

41．这段话的主题是什么？

第 42 到 43 题是根据下面一段话：

小军，对不起，这么晚才给你寄生活费。最近店里生意很好，妈妈忙不过来，没空去银行给你打钱。下个月妈妈准备招聘几个员工帮忙照顾店里的生意，这样就不会这么忙了。你在学校要努力学习，别担心家里的事情。现在店里的收入比以前多了一两倍。妈妈赚钱不为别的，就为能让你接受最好的教育。上次你说想出国，妈支持你！总之，妈很好，不要惦记妈！

42．妈妈为什么这么晚才给小军寄钱？

43．根据短文我们可以知道？

第 44 到 45 题是根据下面一段话：

各位游客，欢迎你们来到美丽的江城武汉。这就是江城著名的景点黄鹤楼，也是中国最著名的四大古楼之一。据记载，黄鹤楼始建于三国时期，现在你们看到的是 1981 年重新修建的。它高 51.4 米，分为 5 层，相当于 16 层楼高。站在黄鹤楼上可以欣赏到中国第一长河——长江。黄鹤楼是江城武汉的标志，因此，武汉生产的名烟名酒也被命名为"黄鹤楼"。

44．说这段话的人可能是干什么的？

45．关于黄鹤楼，下面哪项是不正确的？

听力考试现在结束。

新汉语水平考试 HSK（四级）模拟试卷②答案详解

一、听力

第一部分

1. **【答案】** ×。

   【解析】 解答本题的关键是第一句话。题目中的句子说的是"玛丽现在学的是法律专业"，而听力材料中说"玛丽以前学的是法律专业"，题目中的句子与材料内容不一致，是错的。在做听力第一部分的题目时，要注意听第一句。如果从第一句就可以得出答案，后面的内容完全可以不听，节省的时间用来浏览下一题。

2. **【答案】** ×。

   【解析】 本题的材料中出现了两个号码，听到号码时，考生应该注意做好笔记，听完全文之后，根据最后一句说的"连续输入了十次，都不对"。可判断前文出现的两个号码都不是正确的密码，所以题目中的句子是错的。

3. **【答案】** √。

   【解析】 本题考查考生对倍数的理解与掌握。解答这类题目时，考生也应注意记录相关的数字信息。红色的一件十八块五，白色的比红色的贵一倍，通过计算可知白色的一件 37 块。

4. **【答案】** ×。

   【解析】 本题材料中提到爸爸走路上下班的原因有"节省能源""防止空气污染""保护环境"，而问题中"为了锻炼身体"前面出现了限定性副词"只是",意思是"锻炼身体"是爸爸走路上班的唯一原因。所以，问题中句子的内容与材料所述的内容是不一致的，是错的。

5. **【答案】** √。

   【解析】 本题与第 4 题相似，需要考生特别关注动词或动词短语前面的副词。题目中的"喜欢"前有否定副词"不"，考生需要根据听力材料判断老婆喜欢还是不喜欢"我"抽烟。材料中的关键句是"以后再也不抽烟了"，既然需要向"老婆"保证再也不抽烟了，肯定是因为"老婆"不喜欢"我"抽烟，因此问题中的句子是正确的。

6.【答案】×。

【解析】本题考查数字。解答含数字类考题，考生在听材料时需要特别做好两类笔记：一是准确的数字；二是每个数字所对应的内容。本题中，题目中的句子中的数字所对应的内容与材料中所叙述的内容不一致，所以是错误的。

7.【答案】√。

【解析】本题中又出现了较多数字，考生应当做好笔记。听完问题之后，将每份菜的单价相加，就能得出正确答案：5+6.5+12+11=34.5（元）。

8.【答案】√。

【解析】本题考查人物的态度。"说话不算数"即"承诺的事情没做到"。听力材料中小张说要帮"我"修电脑，还说要请"我"看电影，结果一件都没有做到，"我"对他这种说话不算数的行为很不满意。

9.【答案】×。

【解析】考查动词"羡慕"的含义，关键句是"我真想也有一部这样的手机"，"羡慕"是指看到别人的长处或优点等，心里希望自己也能拥有或得到。因此题目中说"我一点儿也不羡慕"与材料中所述的事实相反，是错的。

10.【答案】×。

【解析】本题考查动词后面的补语。动词"花钱"后面的补语是"太大手大脚"，常用来形容花钱不节省，没有节制地随便花费。题目中的句子却说李冰"不乱花钱"，是错的。

第二部分

11. 【答案】B。

【解析】考查对话发生的地点。这是听力考试的常见考点之一。解答此类题要求考生抓住对话中的关键信息，再结合自己日常生活经验对对话内容进行整体判断。对话中男的说"师傅，来二两米饭，一个青椒炒肉丝，一个洋葱炒猪肝"。这样的对话只可能发生在"食堂"或"饭馆"，选项 B 是正确答案。

12. 【答案】D。

【解析】本题是一道计算题。本题的关键信息是西红柿的单价和要买的数量。考生要听懂这些内容，并做简单记录，听完后进行计算。西红柿的单价是 1 块五，要买七斤，正确答案是 $7 \times 1.5 = 10.5$（元），选项 D 是正确答案。

13. 【答案】C。

【解析】考查人物态度。本题解题的关键是注意理解小红说话时的语气以及所用的表达方式。小红说"听京剧听京剧，除了京剧你就没点儿别的爱好？"重复"听京剧"，显得不耐烦，有抱怨的语气，使用反问句，有质问的意味，说明小红对京剧并不感兴趣，对男的的建议不满。

14. 【答案】C。

【解析】逻辑推理题。考生需要根据人物对话进行必要的逻辑推理。根据材料中的反问句"我怎么会失望呢？"排除选项 A；根据"你成熟了很多"表示男的并未感到失望，可排除选项 D；选项 B 却无法根据对话内容进行判断，可排除。听力材料中出现了"高考""没考好""失望"等关键词，可以知道丽丽高考考得并不是很好，选项 C 正确。

15. 【答案】C。

【解析】本题同第 14 题相似，是一道逻辑推理题。考生要注意将选项中的内容与听力材料中的内容进行对应验证，才能得出答案。男的因为飞机不能按时起飞而非常着急，并不是因为着急真的死了，选项 A 错误。他们的飞机是飞往伦敦的而不是巴黎，选项 B 错误。又根据女的说"她代表公司去巴黎参加国际会议了"，可知选项 C 是正确答案。根据对话并不能得出选项 D 这样的结论。

16. 【答案】D。

【解析】考查人物关系。根据听力材料中女的说话的内容和语气可以知道她很羡慕小李给老婆买了一个又贵又高级的包包，希望男的也给她买一个。根据对话双方说话的内容、语气和方式，可以判断选项D是正确答案。

17. 【答案】D。

【解析】人物信息题。本题考查的是对人物性格品质的评价。问题问女的是什么意思，考生需要重点回忆女的所说的话。选项ABC所述的内容都是男的说的，可以排除，选项D是正确答案。

18. 【答案】B。

【解析】逻辑推理题。本题中女的问男的选择南航的航班还是国泰的，男的并没有直接回答选择哪趟航班，排除选项AC。男的用带有反问语气的句子"你是不是不想要工资了啊？"来表示对女的的不满，而不是说因为决定航班是件小事而不想决定，排除选项D。正确答案是选项B。

19. 【答案】B。

【解析】简单计算题。考查百分比和关键词"合格率"。根据听力材料可知现在公司的生产合格率是88%，那么生产200个盒子，合格的应该是200×88%=176个，选项B是正确答案。

20. 【答案】D。

【解析】考查考生的综合理解能力。本题的关键词是"不过""最近""倒"。根据听力材料中的转折句"不过，最近倒是很凉快！"能得出答案。根据常识会知道武汉是中国的"三大火炉"之一，选项A对有这一常识的考生可能有干扰。因此，在听的过程中切忌先入为主，以免对题目作出错误判断。

21. 【答案】D。

【解析】这是一道简单的考查数字的题目。本题的关键句是"转眼十五年过去了"，由此可知他们离开家已经15年了。

22. 【答案】D。

【解析】考查对俗语的了解和掌握。"男儿流血不流泪"指的是男人可以流血但不能随便流泪。"走"在这里是指"人死，离开人世"，所以根据对话可知他的妈妈去世了，女的不是他的妈妈，排除选项 C；另外，没有哭并不代表心里不难受，而是因为妈妈希望"我"做一个坚强的人，排除选项 A；选项 B 是干扰选项，对话中没有任何提到"男的受伤了"的内容。

23. 【答案】B。

【解析】逻辑推理题。对话中的"不如"是本题解题的关键。女的说去打羽毛球不如陪她去弹钢琴，说明她不想去打羽毛球，选项 B 是正确答案。

24. 【答案】D。

【解析】考查考生对短文内容的综合理解。"不过这汤为什么是甜的呢？"男的的这句话是本题的解题关键。说明女的做汤的时候应该放盐，却放了糖，所以汤做得并不成功，选项 D 是正确答案。

25. 【答案】C。

【解析】考查人物身份。可用排除法解题。本题根据男的称呼女的为"张秘书"，可知他自己应该不是秘书，排除选项 B。男的说"老板下午过来开会"，说明他不是老板，排除选项 A。女的又说"刚才经理过来通知了"，排除选项 D。其实，对话中女的已经直接称呼男的为"主任"，选项 C 是正确答案。

第三部分

26. 【答案】C。

【解析】时间考查题。对于此类题，考生在听的过程中尤其要注意与时间相关的表述。本题中"原定"和"推迟"是解题的关键词。女的问男的会议推迟到几点，男的回答说"原定今天下午三点一刻的会议推迟到明天上午十点三刻"。选项 C 是正确答案。

27. 【答案】B。

【解析】推理题。根据对话中两人谈论的内容和说话的语气可以初步判断他们是夫妻，排除选项 A。男的说"学习成绩并不能完全决定孩子的未来"，说明男的觉得学习成绩并不是最重要的，可女的接着说"没有好的成绩怎么考重点大学？还谈何未来！"说明女的很重视孩子的学习成绩，选项 B 是正确答案。

28. 【答案】D。

【解析】本题的对话有几分幽默，最后一句"她正在台上弹钢琴呢！"是理解对话内容的关键句。由这句话可知正在弹钢琴的小姑娘是男人的孩子，选项 D 是正确答案。女的当着男人的面说他的孩子不好，可想而知她听了这句话后会多么尴尬。

29. 【答案】B。

【解析】逻辑推理题。男的说"看来我也应该试一试"，说明他也想像小美一样每天坚持跑步，选项 B 是正确答案。选项 A 是干扰选项。是小美每天跑五公里，不是男的，排除选项 C。小美现在比以前苗条了，选项 D 是错误的。

30. 【答案】C。

【解析】根据对话内容，小辉请病假不去上课，老师打电话给小辉的爸爸，结果发现小辉说谎了,他根本没有生病,不仅骗了爸爸也骗了老师。选项 C 是正确答案。

31. 【答案】C。

【解析】考查考生对句子言外之意的理解与把握。根据对话可知男的喜欢梅梅，所以想通过梅梅母亲了解一下梅梅对自己的印象。梅梅在妈妈面前夸男的"人长得帅，钢琴弹得好，外语说得流利，还很有同情心"，最后话锋一转，说"都赶得上她男朋友了"，可知梅梅已经有男朋友了，且和男的一样人长得帅，很有同情心，排除选项 A 和选项 D。从对话中无法得出选项 B 所述的内容，也可排除。男的喜欢梅梅,梅梅却已有男朋友，而且不比他差，所以男的听了梅梅妈妈的话可能会很失望，选项 C 是正确答案。

32. 【答案】A。

【解析】考查词语"没"表示"死"的义项，属于考查熟词多义的题目。对话中大牛很尊重朱阿姨，要专门带儿子去拜访她，原因是"当年要不是您，这孩子可就没了！"选项 A 是正确答案。

33. 【答案】B。

【解析】对话中男的给女的从巴黎买了条又时尚又漂亮的裙子，本以为女的会很高兴，但女的却发现裙子的标签上竟然写着"中国制造"，因而大发脾气，认为男的骗了她，选项 B 是正确答案。

34.【答案】A。

【解析】推理题。对话中女的不知道考试范围，上课走错教室，连自己的老师长什么样都记不清楚，可见她是个学习不努力的学生，选项 A 是正确答案。女的昨天是去听课了，但是听的不是对话中老师的课，而是别的老师的课，选项 B 不正确。男的昨天给学生上课了，而且告诉了学生考试范围，选项 CD 不正确。

35.【答案】C。

【解析】考查人物态度。女的的最后一句话是本题的考点所在。女的说"这鞋也值 288？"反问的语气表达怀疑与不满，紧接着说"你当我三岁小孩儿啊！"感叹语气进一步说明她觉得老板是在欺骗她。在她看来这鞋太贵了，根本不值这个价钱，所以她应该不会买。选项 C 是正确答案。

36.【答案】C。

【解析】这是一篇总分结构的小议论文，第一句是短文的主题，城市乡村各有各的优缺点。接着分论二者的优缺点，在分论中要注意文中出现的"但是""不过"，它们表示转折，后文会从谈论优点转为述说缺点。此外，听清问题很重要，本题问乡村的优点有哪些，听力材料中提到乡村"自然环境优美，空气新鲜，生活安逸"，选项 C 是正确答案。

37.【答案】D。

【解析】关于城市的缺点，短文中只提到"环境污染严重"，选项 D 是正确答案。

38.【答案】C。

【解析】这是一篇小叙述文，内容贴近生活，风格幽默。老张交了个网友，结果发现网友是自己的妻子。短文开头第一句话"老张是个爱赶时髦的人"是文章主题。因此，题目问"老张是个什么样的人"，选项 C 是正确答案。

39.【答案】B。

【解析】考查对细节的把握。选项 ACD 与短文细节不符，可以排除。短文最后一句"老张发现，他老婆也有 QQ 号，网名也叫'西红柿博士'"是解题的关键，由此可知选项 B 是正确答案。

40. 【答案】A。

【解析】考查细节题。此类题的答案可以直接从听力材料中得出。但必须要细心，在听之前，快速浏览选项，做到对选项中出现的物品名称有一个大概的印象。听的过程中，再一一验证，找出听力材料中没有出现而选项中出现的物品。妈妈在淘宝网上并没有买全自动照相机，选项A是正确答案。

41. 【答案】B。

【解析】主旨题，考查考生对主题的归纳总结能力。听力短文的主题句一般是短文的第一句话或最后一句话。本文的最后一句话"网上购物真是方便快捷啊！"是全文的主题，选项B是正确答案。

42. 【答案】D。

【解析】本短文是从邮件中截取的一段，是妈妈给孩子的嘱托。本题问"妈妈为什么这么晚才给小军寄钱？"根据短文第二句话"最近店里生意很好，妈妈忙不过来"可知妈妈因为忙，没有时间给小军寄钱，选项D是正确答案。

43. 【答案】C。

【解析】本题考点是体会作者在文中所表达出来的思想感情。做这类题要特别注意文中的用词用句及说话语气。通过短文中"妈妈"所说的话及说话的语气可知她很爱自己的孩子小军，选项C是正确答案。短文提到小军想出国，但得不出他想离开妈妈、不想在国内学习的结论，排除选项AD。选项B在短文中没有提及，是干扰选项，可以排除。

44. 【答案】C。

【解析】考查人物职业。短文以旅游景点的解说词为题材，说话人应当是一名导游。

45. 【答案】A。

【解析】考查考生对短文内容的把握。选项B、C、D所述的内容都与短文对黄鹤楼的介绍相符，选A与选项D矛盾，根据文中的"现在你们看到的是1981年重新修建的"可以判断选项A所述的内容与事实不符，是正确答案。

二、阅读

第一部分

46. 【答案】D。

【解析】位置确定法。数词修饰名词时中间需要一个量词，基本结构为"数词 + 量词 + 名词"。所以该句中缺少一个量词，备选词语中，"趟"是一个量词，后可接交通工具，如"一趟火车""这趟航班"等。

47. 【答案】E。

【解析】词义搭配法。该句是典型的"把字句"，其句型是"A+ 把 +B+ 动词 + 补语"，缺少的是动词，该动词要能与"胡子"搭配，在备选词语中，只有"刮"可以和"胡子"构成固定搭配"刮胡子"。

48. 【答案】A。

【解析】成分搭配法。该句中的"十分"为程度副词，后面修饰形容词。在备选词语中，只有"苦"和"科学"是形容词。"科学"既可以作名词，指一门学科，又可以作形容词，表示正确合理的、合乎科学道理与客观规律的。"苦"指味道，显然与动词"解释"不相干。所以选择"科学"。

49. 【答案】C。

【解析】词义搭配法。该句中的"日子"为名词，前面可以用形容词来修饰。在备选词语中，形容词"苦"可以和"日子"构成惯用语"苦日子"，表示艰难困苦的时光。

50. 【答案】B。

【解析】位置确定法。该句中"有"后面，应该有一个名词。在备选词语中，只有"意见"是名词。"意见"有两个义项，一是指对某一事物的看法、观点；一是指对某事表示不满或埋怨，有"A 对 B 有意见"的用法。本题考查的是"意见"的第二个义项。

51. 【答案】D。

【解析】语境分析法。根据上下文，我们可以判断：包裹太重了，一个人扛不动，需要换一种方式来使这个包裹移动。在备选词语中，"扛"和"抬"都是使物体移动的方式。"扛"只需一个人就可以完成，而"抬"这一动作需要两人或两人以上才可以完成。根据对话可知，包裹很重，一个人"扛"不了，需要两个人"抬"。

52.【答案】E。

【解析】词义搭配法。表示乐器的名词一般与特定的动词搭配。在该句中，"钢琴"前缺少一个动词，备选词语中，"弹"可以与"钢琴"搭配，形成固定搭配"弹钢琴"。另外，乐器"钢琴、琵琶、古筝、吉他"等都可以与动词"弹"搭配，而"小提琴、二胡"等与"拉"搭配，"口琴、唢呐、笛子、箫"等与"吹"搭配。

53.【答案】A。

【解析】成分搭配法、语境分析法。该句缺少谓语，谓语一般由动词充当。根据对话的语境来看，第二说话人说第一说话人并没有明白他的意思，即第一说话人对第二说话人的话产生了误解。在备选词语中，动词"误会"是最恰当的。

54.【答案】C。

【解析】位置确定法。在该句中，"得"前面没有动词，那么可以判断"得"在该句中为情态动词，读"děi"，后面应该紧跟动词。在备选词语中，"辛苦"既可以作形容词，表示身心劳苦；也可以作动词，相当于"麻烦"，多用于求人办事的客套话中。所以应该选择"辛苦"一词。

55.【答案】B。

【解析】语境分析法。在该句中，后半句中"可"表示转折，那么可以判定，前半句中所缺的词语应该与后半句中的"多花"呈相反义。在备选词语中，"省"表示节约、节省，符合语境，所以选择动词"省"来完成句子。

第二部分

56.【答案】A C B。

【解析】时间词确定法、关联词搭配法。该题 A 句中出现了表示时间的"先秦时期"，可以初步确定该句应位于段首。C 句中出现了连词"但是"，表示转折，应该为第二句或第三句。"成为中国甚至整个亚洲最具影响力的学说"是"经过几千年的发展"的结果，所以 B 句应该在 C 句之后。正确顺序应为 ACB。

57.【答案】CBA。

【解析】关联词搭配法。该题中 A 句和 B 句都缺少主语，所以不应是第一句，C 句中提到的"奥运会"应是 A 句和 B 句的主语。B 句中的"原本"和 A 句中的"现在"在时间上形成对比。另外，A 句中出现了关联副词"却"，表示转折，说明 A 句应该在 B 句之后。

58.【答案】BAC。

【解析】短语固定法、关联词搭配法。B 句中"从……来讲"是固定结构，一般放在句子或段落之首，因此句子 B 排在第一句。C 句中的副词"然而"，承接前句表示转折的功能，一般出现在复句的后一句中，前后分句表达相反的意义，句子 C 排在 A 句之后，与 A 句形成对比。

59.【答案】ACB。

【解析】代词指代法、关联词搭配法、排除法。C 句中出现了代词"它"，不会是第一句，B 句中出现了连词"而是"，也不会是第一句，所以运用排除法，断定 A 句是第一句。C 句中的"不是"和 B 句中的"而是"组成关联词语"不是……而是……"，B 句应在 C 句之后。

60.【答案】ACB。

【解析】代词指代法、语境推理法。B 句中出现了代词"这"，不会是第一句，根据语境，可以推断出 B 句中的"这"应该指代 C 句中的"客来敬茶"，所以 B 句在 C 句之后。A 句总括了"中国的茶文化"，引出了话题，应是第一句。

61.【答案】BAC。

【解析】关联词搭配法。B 句中的"不管"，A 句中的"还是"，C 句中的"都"共同组成了"不管……还是……，都……"这一组关联词，它们用于让步状语从句，表示在任何条件或情况下，产生的结果都是一样的。

62.【答案】ACB。

【解析】关联词搭配法、排除法。C 句句首出现了"而"，不会是第一句。B 句句首出现了"所以"，也不会是第一句。那么运用排除法可以断定 A 句是第一句，话题是"瓷器"。C 句出现对"中国"的描述，表明了原因，由此才得出了 B 句的结论，所以 C 句应在 B 句之前。

63. 【答案】A C B。

【解析】代词指代法、排除法、语境推理法。B 句缺少主语，不会是第一句。C 句中出现了代词"它"，也不会是第一句。运用排除法可以确定 A 句是第一句，话题是"火药"。根据语境，我们可以推断出，C 句中的"它"指代 A 句中的"火药"，B 句是 C 句中"偶然性"的具体解释，所以 C 句应该在 B 句之前。

64. 【答案】C A B。

【解析】代词指代法、短语固定法、排除法。A 句中的"其实"，承上文转折，表示所说的是实际情况，不会是第一句。B 句中出现了代词"它"，不会是第一句。运用排除法确定第一句应该是 C 句。A 句中的"其实"承接 C 句中"很多人认为"，所以应该是第二句。B 句中"它"指代 A 句中的"啤酒肚"，解释"啤酒肚"产生的真正原因，应排在最后。

65. 【答案】C B A。

【解析】代词指代法、排除法。A 句缺少主语，不会是第一句。B 句出现了代词"他们"，也不会是第一句。运用排除法确定 C 句是第一句，话题是"中国队的乒乓球选手"。B 句中的"他们"指代 C 句中的"中国队的乒乓球选手"，所以出现在 C 句之后。A 句中的主语同样是"他们"，正是由于"他们往往包揽各大比赛的金牌"，才会"给自己也给国家带来荣耀"，所以 A 句应该在 B 句之后。

第三部分

66. 【答案】B。

【解析】细节题。汉语中的"才"有多个义项，可以是副词，如"刚才""才来"，也可以是名词，表示"学问、才能"。本题中的"他真是太有才了"中的"才"指的是"才能"。

67.【答案】A。

【解析】细节题。考查考生对短文意思的归纳和理解能力。文中说"每个人都必须遵守法律"，即"人人必须守法"，律师也不例外。如果律师违反法律，也必须受到制裁。选项 A 是正确答案。选项 B 文中没有明确提到。选项 C 与文意不符，可以排除。

68.【答案】D。

【解析】细节题。同义互换。此类题的选项中往往出现与短文中句子具有相同语义，但表达方式不同的句子。文中说"如果被引进中国市场，肯定会大受欢迎"，由此可知，这种饮料进入中国后，销量会很不错。选项 D 正确。

69.【答案】B。

【解析】细节题。考查一词多义。"挺"可以作副词，表示"非常、十分、很"，修饰形容词;可以作动词,表示"勉强支撑,坚持下去"。短文中的"他"在高考之际,遭遇父母双亡的痛苦,但是在老师和同学的帮助下,"他"走出痛苦,坚持参加了高考。

70.【答案】D。

【解析】考查对短文中心意思的概括。桂林位于广西壮族自治区，是中国历史文化名城之一,有很多著名的景点,如漓江、象鼻山、七星岩等。选项 A 中缺少"之一",选项 B 中的"广东省"应为"广西壮族自治区",选项 C 的内容在原文中并未提到,由此可排除选项 A B C。综合理解文意,可以判定选项 D "桂林山水优美,景色秀丽"为正确答案。

71.【答案】D。

【解析】短文内容是对中国文化习俗的介绍。"做主""决定""说了算"意义相近，基本表达相同的含义。文中说以前儿女的婚姻由父母做主，即由父母说了算，选项 D 是正确答案。

72.【答案】B。

【解析】细节题。在这段话中"收入"与"工资"含义相同。根据短文，王海的妻子不知道王海每月有多少收入，即王海的妻子不清楚他每月工资是多少。

73.【答案】C。

【解析】细节题。"我"早早地来到了东湖，说明"我"提前到了约会地点，选项A正确。刘梅忘记了约会，没有来，"我"当然见不到她，选项B正确。"我"差点儿被气死，说明"我"非常非常生气，选项D正确。刘梅不是迟到了，而是根本没来，选项C不正确，是本题答案。

74. 【答案】C。

【解析】细节题。"他"三天两头请假，说明"他"经常请假。大家都不愿意跟"他"合作，说明"他"和同事相处得并不好。大家不愿意跟"他"合作，因为"他"不能按时完成任务，总是挨批评，排除选项ABD。

75. 【答案】B。

【解析】本题以中国的婚丧嫁娶风俗为题材。根据常识可知，世界上的文化习俗各异，婚丧嫁娶风俗自然不会完全相同，排除选项A。"囍（红双喜字）"顾名思义，是红色的，挽联是白色的，选项C不正确。结婚时，只有新郎新娘需穿红色衣服，选项D不正确。丧事也叫"白喜事"，选项B正确。

76. 【答案】A。

【解析】飞机会晚点，所以可能不是最节省时间的，起飞有时也不准时，所以选项BCD不正确。根据第一句话"飞机的速度是其他任何交通工具都无法比拟的"可知，在所有的交通工具中飞机的速度最快。

77. 【答案】B。

【解析】细节题。文中出现"做出来的菜还真不赖""不咸不淡正好"，所以选项AD是正确的。"妹妹以前从没有做过菜"说明"这是妹妹第一次做饭"，所以选项C也是正确的。选项B是无关干扰选项，文中并没有提到"盐"的事情，选项B是本题答案。

78. 【答案】B。

【解析】"整个城市变成汪洋大海"并不是说"武汉靠近海"，所以选项A是不正确的。"百年难见的特大暴雨"说明武汉并不是经常下这样的雨，所以选项C是不正确的。"交通完全崩溃"说明"影响到城市的交通"，所以选项D也是不正确的。最后一句"武汉给爸爸留下了深刻的印象"总结了短文，意思也就是"爸爸对武汉印象深刻"，选项B是正确答案。

79. 【答案】D。

【解析】细节题。关于乐队的特点，文中提到五个男孩的相貌、性格，以及他们歌唱得怎样、与歌迷关系如何等几个方面。乐队深受歌迷喜爱，是因为他们"歌声优美"，显然，他们唱歌唱得不错，选项 D 的内容不正确，是本题的正确答案。

80. 【答案】C。

【解析】"城市的规模越来越大"，由此可知，选项 C 是正确答案。

81. 【答案】C。

【解析】细节题。"中国有近 80% 的农民"是指"中国的农民约占全民人口的 80%"，所以选项 A 是不正确的。"但是很大一部分农民已经告别土地，涌进城市寻求发展"，所以选项 C 是正确的，选项 B 是不正确的。文中并没有提到"中国的农民是有钱人"，所以选项 D 也是不正确的。

82. 【答案】D。

【解析】细节题。考查上下位概念。对垃圾进行回收利用，需要分类处理。矿泉水瓶是塑料做的，应属于塑料类。

83. 【答案】B。

【解析】主旨题。本短文是一篇公益性质的小文章。文中提到了垃圾回收处理对解决能源危机以及保护环境的作用。这说明，回收处理垃圾，意义很重大，选项 B 正确。

84. 【答案】C。

【解析】考查对新名词的理解。这些词在语言课堂上并不一定能学到，所以需要考生有一定的理解能力。所谓"异地"即不在同一地方，"恋"一般指情侣关系，在短文中也在广义上指夫妻关系，所以正确答案是 C："生活在不同城市的夫妻或情侣"。

85. 【答案】A。

【解析】考查俗语与惯用语。"不靠谱"即"靠不住、不可靠"，选项 A 是正确的。

三、书写

第一部分

86. 【答案】全世界都在关心食品安全问题。

【解析】控制变量法。当我们分不清主语和宾语时，可以先确定谓语。在该句中，动词"关心"可以做谓语。谓语"关心"前的主语应该是某个人或某群人，由此可以确定主语是"全世界"。谓语"关心"后的宾语只有"问题"了，前面用定语"食品安全"来修饰"问题"。"都在"放在谓语前，由此可以得出句子：全世界都在关心食品安全问题。

87. 【答案】这本小说很受学生们欢迎。

【解析】句式套用法。根据量词与名词的搭配，可以得出短语"这本小说"。"受欢迎"表示"被人喜欢"，基本句式是"A+ 受 +B+ 欢迎"。在这个句子中，受欢迎的对象应该是"这本小说"，由此可以得出句子：这本小说很受学生们欢迎。

88. 【答案】我花了两个小时才找到这家书店。

【解析】句式套用法。根据量词与名词的搭配，可以得出短语"这家书店"。这个句子中出现了动词"花"和"找到"，其中"花了"应该与时间搭配，可以得出"花了两个小时"；"找到"应该与"书店"搭配，得出"才找到这家书店"。当句子中出现了两个动词时，就要考虑一下"连谓句"了，这类句式中一般有两个或两个以上的谓词性词语连用，中间没有语音停顿，也没有关联词语，它们在意义上都能与同一主语发生主谓关系，其基本结构是"主语 + 动词$_1$+ 宾语$_1$+ 动词$_2$+ 宾语$_2$"。由此可以得出句子：我花了两个小时才找到这家书店。

89. 【答案】她总是把自己打扮得漂漂亮亮。

【解析】句式套用法。该句中出现了"把"，可以初步判断该句是"把字句"，其基本结构是"A+ 把 +B+ 动词 + 得 + 补语"。在该句中主语应该是"她"，动词是"打扮"，补语是"漂漂亮亮"，"总是"做状语放在"把"字前。由此可以得出句子：她总是把自己打扮得漂漂亮亮。

90. 【答案】花园里开满了五颜六色的鲜花。

【解析】标志词确定法、句式套用法。"的"字后面应该跟名词，由此得出搭配"五颜六色的鲜花"。该句中出现了处所词"花园里"，可以考虑一下"存现句"，其基本结构是"处所词＋动词＋助词／补语＋名词"。由此得出句子：花园里开满了五颜六色的鲜花。

91. **【答案】**你们学校什么时候放暑假？

【解析】控制变量法。首先确定该句的谓语，该句中的动词"放"可以做谓语。谓语"放"后面的宾语应该是"暑假"，构成固定搭配"放暑假"。谓语前面的主语应该是"你们学校"。疑问词"什么"跟"时候"搭配构成"什么时候"，在句子中做时间状语，放在谓语"放"之前。由此可以得出句子：你们学校什么时候放暑假。

92. **【答案】**他的汉语水平十分符合该公司的招聘要求。

【解析】语序确定法、标志词确定法。"的"字后面要跟名词，根据语义，我们可以得出两组短语——"他的汉语水平""该公司的招聘要求"。"符合"是动词，在句子中可做谓语。副词"十分"在句中可做状语，放在谓语动词之前。根据汉语的基本语序"定语＋主语＋状语＋谓语＋定语＋宾语"，可以得出句子：他的汉语水平十分符合该公司的招聘要求。

93. **【答案】**观众们被他们的友谊感动了。

【解析】句式套用法、标志词确定法。"的"后面要跟名词，得出短语"他们的友谊"。动词"感动"的主语应该是人，即"观众们"。句中出现了"被"字，可以推测该句是"被动句"，其基本结构是"主语＋被＋宾语＋动词＋其他成分"。由此可以得出句子：观众们被他们的友谊感动了。

94. **【答案】**坚持体育运动对健康有好处。

【解析】句式套用法。句中出现了动词"坚持"，后面应跟"名词"搭配，得出短语"坚持体育运动"。句中出现了介词"对"以及短语"有好处"，可以使用固定结构"A对B有好处"。由此可以得出句子：坚持体育运动对健康有好处。

95. **【答案】**雨后的空气多么新鲜啊！

【解析】标志词确定法。"的"后面跟名词，可以得出短语"雨后的空气"。副词"多么"跟形容词"新鲜"搭配，得出"多么新鲜"。句中出现了"啊"，与"多么"搭配可构成"感叹句"，由此可以得出句子：雨后的空气多么新鲜啊！

第二部分

96.【参考答案】她爱打网球。

97.【参考答案】这种水果很酸。

98.【参考答案】他在做作业。

99.【参考答案】他们幸福地结婚了。

100.【参考答案】她突然生病了。/ 她突然肚子疼。

【得分要点】

1. 造句时一定要使用题中所给词语。

2. 所造句子要与图片内容有联系。

3. 保证句子的语法正确，语义明确。尽量造简单句，避免长句。

4. 检查句中是否有错别字，句子是否完整。

5. 句子要有标点符号，汉语单句常用的标点符号有"。""?"和"!"。根据所造句子选用正确的标点符号。

新 汉 语 水 平 考 试

HSK（四级）模拟试卷③

注　　意

一、HSK（四级）分三部分：

    1. 听力（45 题，约 30 分钟）

    2. 阅读（40 题，40 分钟）

    3. 书写（15 题，25 分钟）

二、听力结束后，有 5 分钟填写答题卡。

三、全部考试约 105 分钟（含考生填写个人信息时间 5 分钟）。

一、听 力

第一部分

第1—10题：判断对错。

例如：我打算暑假去成都旅游，不知道你有没有时间。如果有时间，我们可以一起去吗?

　　　　★ 他打算去成都旅游。　　　　　　　　　　（ ✓ ）

　　　我现在很少去教室自习，不是我不想去，而是因为最近天气不好，天天下雨，我觉得去教室自习很麻烦。

　　　　★ 他现在经常去教室自习。　　　　　　　　（ × ）

1. ★ 一日三餐只喝果汁就能减肥。　　　　　　　　（　　）

2. ★ "我"站在表姐的后面。　　　　　　　　　　（　　）

3. ★ 小丽穿得很正式，她要去约会。　　　　　　　（　　）

4. ★ 明天早上九点半从宾馆门前出发。　　　　　　（　　）

5. ★ "我" 11 月份才能来中国看小敏。　　　　　　（　　）

6. ★ 小五受广告的影响很大。　　　　　　　　　　（　　）

7. ★ 吃药的效果比打针要好很多。　　　　　　　　（　　）

8. ★ 买三十件需要花 195 块钱。　　　　　　　　　（　　）

9. ★ 91868428027 这个 QQ 号中了病毒。　　　　　（　　）

10. ★ 上海是中国的经济、贸易和政治、航运中心。　（　　）

第二部分

第11—25题：请选出正确答案。

例如：女：快点儿走吧，马上要上课了！

男：没关系的，现在是两点半上课，还有半个小时呢！

问：现在是什么时间？

A 两点半　　　　　B 上课了　　　　C 两点 ✓　　　D 不知道

11. A 小芳非常不高兴　　　　　　　B 他不喜欢洗衣服

    C 洗衣机很贵，他买不起　　　　D 他很爱小芳，小芳心里很高兴

12. A 师生　　　　　　　　　　　　B 父女

    C 同事　　　　　　　　　　　　D 夫妻

13. A 丽莎是个"中国通"　　　　　　B 长江是中国的第二大长河

    C 长城是河北的一道长墙　　　　D 丽莎并不了解中国的情况

14. A 女的明天要参加高考　　　　　B 男的不愿意关掉电视机

    C 女的说话的时候很生气　　　　D 女的不想让小风休息

15. A 花了很多钱，女的后悔了　　　B 女的觉得钱花得并不多

    C 女的瞧不起男的　　　　　　　D 女的觉得男的很有出息

16. A 他走不快，所以很紧张　　　　　　B 他觉得他们去得太早了

　　C 他也害怕赶不上火车　　　　　　　D 他觉得没必要这么着急

17. A 女的要去旅游　　　　　　　　　　B 男的要去出差

　　C 女的想带着孩子去旅游　　　　　　D 孩子没人管

18. A 女的学了日语　　　　　　　　　　B 女的是中国人

　　C 大华是法国人　　　　　　　　　　D 大华会说法语

19. A 她不是这里的工作人员，不太清楚

　　B 她不是来发传真的，是来找人的

　　C 她不负责发传真，她负责找人

　　D 她不想帮男的发传真

20. A 他不想给孩子补票　　　　　　　　B 他没有钱

　　C 他的孩子长得不高　　　　　　　　D 他的孩子不应该补票

21. A 兰兰很喜欢听广播　　　　　　　　B 兰兰觉得这部电影很不错

　　C 兰兰觉得这部电影很火　　　　　　D 兰兰觉得这部电影并不怎么样

22. A 小勇想出国留学　　　　　　　　　B 小勇以后会后悔的

　　C 小勇认为谁都会有出国留学的机会　　D 小勇不愿意出国留学

23. A 女的在参加一个公司的面试　　　　B 女的专业是国际管理学

　　C 大家都知道这个专业　　　　　　　D 女的很有信心

24. A 他们俩是夫妻

　　B 他们在给孩子买奶粉

　　C 女的正要去找张峰的老板

　　D 张峰的工资和奖金只够给孩子买奶粉

25. A 她想带着雨衣和雨伞　　　　　　　B 她知道明天会下暴雨

　　C 她对天气预报表示怀疑　　　　　　D 她很相信天气预报

第三部分

第 26—45 题：请选出正确答案。

例如：男：玛丽，你去哪里啊？

　　　女：去开会啊，不是说今天下午三点在留学生办公室开会吗？你还
　　　　　不去？

　　　男：是吗？我怎么不知道啊！没有人告诉我。

　　　女：现在我不是告诉你了吗？快点儿准备准备，我们一起去吧！

　　　男：太谢谢你了，幸亏遇到了你。

　　　问：今天在哪里开会？

　　　A 在留学生办公室✓　　　　　　　　B 在教室

　　　C 在图书馆　　　　　　　　　　　　D 在玛丽的宿舍

26. A 王经理开完会了，马上回来　　　B 王经理高高瘦瘦，穿白色上衣
　　 C 王经理让办公室主任去开会　　　D 王经理穿白色上衣，高高的

27. A 在回公司的路上　　　　　　　　B 在手表修理店里
　　 C 在回家的路上　　　　　　　　　D 在公司

28. A 蔡律师　　　　　　　　　　　　B 蔡律师的儿媳妇
　　 C 小宝他爸　　　　　　　　　　　D 小宝

29. A 担心毕业找不到工作　　　　　　B 担心西装不合适
　　 C 担心鞋子太贵　　　　　　　　　D 担心没有像样的鞋子

30. A 他不想让他妈做手术　　　　　B 他想先观察一下妈妈的病情

    C 医生不让他妈做手术　　　　　D 他没钱给他妈做手术

31. A 她不喜欢他　　　　　　　　　B 她觉得他的工资不会很高

    C 她不相信他能找到工作　　　　D 她不想坐飞机

32. A 36 块　　　　　　　　　　　　B 6 块

    C 12 块　　　　　　　　　　　　D 4 块

33. A 他调到上海工作了　　　　　　B 他去上海旅游了

    C 他搬走了　　　　　　　　　　D 他出差了

34. A 16 块 4　　　　　　　　　　　B 25 块 8

    C 23 块 4　　　　　　　　　　　D 26 块 8

35. A 她想让小军读法律专业　　　　B 小军毕了业想当律师

    C 她尊重小军的选择　　　　　　D 她不知道小军喜欢什么专业

36. A 爸爸妈妈的鼓励和支持　　　　B "我"在模拟考试中考得很好

    C "我"学习很有耐心　　　　　　D "我"一直很努力学习

37. A 做事要有信心　　　　　　　　B 一次考不好没关系

    C 耐心才是最重要的　　　　　　D 做事要坚持到底

38. A 4888 元　　　　　　　　　　B 照相机
　　C 本人身份证　　　　　　　　　D 结婚证

39. A 4888 元　　　　　　　　　　B 8100 元
　　C 5912 元　　　　　　　　　　D 8010 元

40. A 28 岁　　　　　　　　　　　B 25 岁
　　C 33 岁　　　　　　　　　　　D 31 岁

41. A 5000 多　　　　　　　　　　B 6000 多
　　C 8000 多　　　　　　　　　　D 10000 多

42. A 通知　　　　　　　　　　　　B 短信
　　C 广告　　　　　　　　　　　　D 小品故事

43. A 孔子　　　　　　　　　　　　B 老子
　　C 赵丹　　　　　　　　　　　　D 杜甫

44. A 一道很有名的中国菜　　　　　B 一种很特别的鸡
　　C 全身湿透的样子　　　　　　　D 一种新型的照相机

45. A 周五早上我回家了　　　　　　B 周三晚上我去上自习了
　　C 周末我到了家门口才下雨　　　D 周末在我去学校的路上下雨了

二、阅 读

第一部分

第 46—50 题：选词填空。

A 允许　　B 主意　　C 注意　　D 正式　　E 遍　　F 坚持

例如：她每天都（　F　）走路上下班，所以身体一直很不错。

46．元宵节晚上各大城市都会在一个地方集中燃放烟花。烟花虽然好看，但燃放后，（　　　）地都是垃圾，对环境造成极坏的影响。

47．除非得到相关部门的（　　　），否则，你们没有资格参加此次记者发布会。

48．这家国有企业规模很大，光（　　　）员工就有 30 万名。

49．填写表格之前，请大家仔细阅读表格下方的（　　　）事项。

50．在我们家，别看弟弟年龄最小，鬼（　　　）却数他最多。

第 51—55 题：选词填空。

A 干杯　　B 随便　　C 底　　D 代表　　E 组织　　F 温度

例如：A：今天真冷啊，好像白天最高（　F　）才 2℃。

　　　B：刚才电视里说明天更冷。

51. A：这个周末有空吗？陪我逛街去。

　　 B：对不起，周末我们单位（　　　）员工观看《建党伟业》。

52. A：王萍，你怎么一个人来了？你老公呢？

　　 B：别提了。他们公司要他（　　　）全体员工去北京开个什么紧急会议，
　　　　都出差一个星期了，还没回来。

53. 晚会快结束时，大家一齐举起酒杯，为祖国的美好明天（　　　）。

54. A：你怎么搞的？这么重要的任务，怎么可以（　　　）找个人去做？

　　 B：对不起，王总，我知错了。

55. A：环境污染是越来越严重了。你看，整条河的水全变黑了。

　　 B：可不是。小时候在河里游泳时，河水可是清澈见（　　　）的啊。

第二部分

第 56—65 题：排列顺序。

例如：A 可是今天起晚了

B 平时我骑自行车上下班

C 所以就打车来公司   <u> B A C </u>

56. A 更有学生暗暗下定决心，准备复读一年

B 高考成绩公布后，有的学生为取得好成绩欣喜若狂

C 有的学生则因高考失败偷偷落泪   <u>   </u>

57. A 转眼就泪如雨下

B 刚刚还是满面笑容

C 在北方，六月的天是娃娃的脸   <u>   </u>

58. A 它所带去的，不仅仅是一件件华美的服饰

B 几千年前，当丝绸沿着"丝绸之路"传向欧洲时

C 更是东方悠久而璀璨的文明   <u>   </u>

59. A 水分占婴儿体重的 70% 至 80%

B 因此，选择合适的饮用水对婴儿的健康尤为重要

C 而成人体内所含水分则不到 60%   <u>   </u>

60. A 中国菜菜色丰富

　　B 还是口感，都堪称世界一绝

　　C 无论是外观　　　　　　　　　　　　　　　_____

61. A 认为天是圆的，地是方的

　　B 直到环球航行的成功才证实地球不是方的，而是圆的

　　C 中国自古就流传着"天圆地方"的说法　　　_____

62. A 在"世博会"上，各国都要展示自己国家的科技文化成果

　　B 世界博览会，简称"世博会"

　　C 是一项国际性博览活动　　　　　　　　　_____

63. A 而同一次地震，在不同的地方造成的破坏也不完全一样

　　B 因此，为了衡量地震的破坏程度，科学家制作了另一把

　　　"尺子"——地震烈度

　　C 同样大小的地震，造成的破坏不一定相同　_____

64. A 一位诺贝尔经济学奖获得者曾经说过

　　B 更要关注国民幸福

　　C 国家政府不仅要关注国民经济　　　　　_____

65. A 是因为巧克力中含有一种能给人带来喜悦的神经传导物质

　　B 甚至被称为"爱情灵药"

　　C 巧克力之所以令人着迷　　　　　　　　_____

第三部分

第 66—85 题：请选出正确答案。

例如：她很活泼，说话很有趣，总能给我们带来快乐，我们都很喜欢和她在一起。

　　★ 她是个什么样的人？

　　A 幽默✓　　　　　B 马虎　　　　　C 骄傲　　　　　D 害羞

66. 大学校长的工作意义重大。首先，要关注和推进学校的整体发展；其次，要对每个学生的健康成长和未来负责。

　　★ 短文主要介绍了大学校长的工作 _____。

　　A 优点　　　　　B 重点　　　　　C 缺点　　　　　D 正点

67. 以前，感冒不算病，随便吃点感冒药就行。现在得了感冒，那可不得了。大夫不光让你吃药，还要让你打针，必要时甚至让你打点滴。

　　★ 根据短文，可以知道：

　　A 现在得了感冒可能需要打点滴　　　B 现在得了感冒不需要去看大夫

　　C 以前得了感冒需要打针　　　　　　D 以前得了感冒需要打点滴

68. 他们本来是大学同学，上学时两人相亲相爱，感情很好。结婚后，甜蜜的日子只持续了三年，因为他经常为了工作出差，两人聚少离多，感情逐渐淡化。现在，他们动不动就吵架，每次他都会说自己和妻子已经没有共同语言了，不如离婚算了。

★ 根据短文，他们：

A 结婚才两年　　　　　　　　B 现在感情不如以前

C 结婚前感情一般　　　　　　D 现在生活很幸福美满

69. 我从小就对数学感兴趣。长大后，我发现人生好像数学中的加减乘除。当我们去爱别人的时候，要用加法；当我们恨别人的时候，要用减法；当我们感谢别人的时候，要用乘法；当我们排解烦恼的时候，要用除法。

★ 根据短文，可以知道：

A 小时候我就知道了人生中的加减乘除

B 用加法去感谢别人

C 用减法去爱别人

D 用除法去减少烦恼

70. 故宫，位于北京市中心，于 1420 年建成，已有近六百年的历史，是世界上现存最大、最完整的木质结构古建筑群。明、清两朝有 24 位皇帝在里面处理过国家大事。

★ 故宫：

A 已经存在整整六百年

B 现在是世界上最完整的木质结构古建筑群

C 里面生活着 24 位皇帝

D 是世界上最大的古建筑群

71. 2011 年 6 月 4 日，中国网球选手李娜荣获法国网球公开赛女子单打冠军。
李娜赢得比赛后，她的家人万分激动，他们为李娜感到无比骄傲。赛后，
李娜告诉记者，她无时无刻不在期待这一激动人心的时刻。

★ 根据短文，下面哪项是不正确的？

    A 李娜在比赛中得了第一名　　　　B 李娜是个非常骄傲的人

    C 李娜的家人很高兴　　　　　　　D 比赛前，李娜很期待自己成功

72. 初一的第一次期末考试王晓东得了全校第一名，老师和同学们都夸他聪
明能干，家人也为他感到十分自豪。可在这些赞美声中，他并没有再接
再厉，反而开始骄傲自满。结果在后来的考试中，晓东考得一塌糊涂。

★ 王晓东怎么样？

    A 取得好成绩也不骄傲　　　　　　B 成绩一直是全校第一

    C 聪明能干，也骄傲自满　　　　　D 一直是个努力学习的孩子

73. 警察和小偷就好比猫和老鼠。警察像猫一样机警，小偷如老鼠一样贪婪。
为了保护主人家的粮食，猫不停地抓老鼠；为了保护人民大众的安全，
警察不停地与小偷作斗争。

★ 关于警察和小偷，下面哪项不正确？

    A 警察很机警　　　　　　　　　　B 小偷威胁人们的安全

    C 警察保护主人家的粮食　　　　　D 小偷很贪婪

74. "蓝蓝的天上白云飘，白云下面马儿跑。"天空中朵朵白云，广阔的草原
上马儿快乐地奔跑，这是多么美丽的画面！今年暑假，我们全家打算去
内蒙古大草原旅游，要去看看那美丽神奇的地方。

★ 根据短文，可以知道：

A 内蒙古大草原牛羊成群

B 内蒙古大草原风景迷人

C 暑假"我"一个人去内蒙古旅游

D "我"并不喜欢内蒙古大草原

75. 这是个感人至深的真实故事。故事里的妈妈是个下岗女工，但她却收养了十多个孤儿。她用自己微薄的收入供养十几个孩子上了小学、中学、大学，数十年如一日地付出。可当孩子们长大成人，在社会上立稳脚跟，她却因操劳过度，永远地离开了自己心爱的孩子们。

★ 关于这个故事，下面哪项是正确的？

A 她是个富有的人 　　　　B 她生了十多个孩子

C 孩子们不懂得感恩 　　　　D 她是位伟大的母亲

76. 当要求别人为自己办事时，他总喜欢给别人戴高帽，不是夸别人办事能力强，就是说别人人脉广。总之，这个事情别人肯定能办成。而当别人拜托他帮忙时，他总是一脸的谦虚，说自己这也不行那也不行，就是不想帮忙。

★ 什么是"戴高帽"？

A 背地里给别人使坏，损害别人的名誉

B 说一些赞美奉承别人的漂亮话

C 求别人办事

D 跟陌生人套近乎

77. 我第一次去北京出差时,想顺便去参观一下长城。谁知出门后竟然迷路了,无奈之下只好遇到人就问路,没想到首都人民就是热心,亲自把我送到了长城脚下。

　★ 根据短文,下面哪项是正确的?

　　A "我"是专门去参观长城的

　　B "我"迷路了,但不好意思问路

　　C "我"自己找到了去长城的路

　　D 一个北京人把"我"送到了长城脚下

78. 为了这桩买卖,老李费尽口舌,最终还是黄了。原因是买方觉得老李出价太高,至少比别的商家高出了30%。虽然生意黄了,老李还是坚持自己的出价,绝不降价,"一分钱一分货",他觉得自己的商品就值这么个价。

　★ 关于这桩买卖,可以知道:

　　A 买卖做成了　　　　　　　　B 买家觉得价格很合理

　　C 买卖没做成　　　　　　　　D 老李是个还价高手

79. 2013 年 6 月初,中国国家主席习近平赴美访问,与美国总统奥巴马举行了首次战略对话,双方就两国的政治、经济、文化合作进行了深入交流。这是习近平就任中国国家主席后首次访问美国。

　★ 根据短文,可以知道:

　　A 美国总统来华访问

　　B 这是习近平第一次访问美国

　　C 两国领导人谈论了关于文化交流的相关事宜

　　D 2013 年 6 月,习近平就任中国国家主席

80—81.

在古代中国，"左"和"右"代表不同含义。一般来说，以"左"为尊，以"右"为卑。在男女地位中体现为"男左女右"，即男人的地位比女人高。即使到现在，会议场所的座位安排，也是按照"左尊右卑"的原则依次排列的。

★ 根据短文，传统的中国男女出行：

A 男人走在前边，女人走在后边

B 男人走在右边，女人走在左边

C 男人走在后边，女人走在前边

D 男人走在左边，女人走在右边

★ 会议场所如何安排座位？

A 男人坐左边，女人坐右边

B 领导坐左边，下级坐右边

C 男人坐右边，女人坐左边

D 领导坐右边，下级坐左边

82—83.

中国自古就有"大丈夫"的说法。大思想家孟子曾说：大丈夫应该不为金钱地位所迷惑；不因生活贫困、社会地位低下改变自己的理想；也不屈服于外界的武力威胁。符合以上三方面的男子才能称之为"大丈夫"。这三条标准至今仍为中国人所接受。

★ 关于"大丈夫"的说法：

A 中国自古就有这一说法

B 符合三方面中的任何一个就能称之为"大丈夫"

C 现代中国人已经无法接受这一说法

D 这是孔子的思想

★ 关于"大丈夫"的标准，下面哪一条是正确的？

A 家境富裕，地位崇高

B 即使生活艰苦，也能坚持自己的理想

C 应该时刻想着赚钱和做官

D 社会地位不高时，懂得改变自己

84—85.

只有发扬怀疑精神，敢于质疑权威，才能推动科学的进步、人类文明的前进。中国有句古话："尽信书不如无书"，说的就是读书的时候应该加以分析，不能简单地照搬书本。如果完全相信书本上说的，缺乏独立的思考能力，丧失怀疑精神，不如没有书。

★ 什么是"怀疑精神"？

A 不相信课本知识

B 有独立的思考能力，敢于质疑权威

C 不相信任何人说的话

D 不信任别人

★ 如何理解"尽信书不如无书"？

A 书本上的知识不重要

B 书本上的记载都值得怀疑

C 最好不读书

D 不能不加思考，完全相信书本知识，硬搬书本知识

三、书 写

第一部分

第 86—95 题：完成句子。

例如：那座桥　　800 年的　　历史　　有　　了

　　　　那座桥有 800 年的历史了。

86. 不能　　我　　参加　　恐怕　　了　　网球比赛

87. 还来得及　　申请　　吗　　现在　　奖学金

88. 让　　不少经验　　多年的　　留学生活　　我　　积累了

89. 减肥药　　作用　　根本　　这瓶　　不起

90. 一天比　　武汉的　　一天　　热　　夏天

91. 往往　　批评　　人们　　接受　　不愿意

92. 到　　时间　　从旅馆　　机场　　多长　　需要

93. 公司　　她　　向　　三天假　　请了

94. 性格　　姐姐的　　适合　　非常　　当律师

95. 保护　　不对吗　　难道我们　　森林　　和动物

第二部分

第96—100题：看图，用词造句。

例如：　　　　　　　　　　　乒乓球　　她很喜欢打乒乓球。

96. 　　环境

97. 　　严重

98. 　　仔细

99. 　　节约

100. 　　常常

新汉语水平考试 HSK（四级）模拟试卷③ 听力材料

（音乐，30秒，渐弱）

大家好！欢迎参加 HSK（四级）考试。

大家好！欢迎参加 HSK（四级）考试。

大家好！欢迎参加 HSK（四级）考试。

HSK（四级）听力考试分三部分，共 45 题。

请大家注意，听力考试现在开始。

第一部分

一共 10 个题，每题听一遍。

例如：我打算暑假去成都旅游，不知道你有没有时间。如果有时间，我们可以一起去吗？

★ 他打算去成都旅游。

我现在很少去教室自习，不是我不想去，而是因为最近天气不好，天天下雨，我觉得去教室自习很麻烦。

★ 他现在经常去教室自习。

现在开始第 1 题：

1. 你早餐喝果汁，午餐喝果汁，晚餐还是喝果汁，是不是疯了啊？谁说光喝果汁就能减肥？就你这么相信！

★ 一日三餐只喝果汁就能减肥。

2. 照片里穿红色上衣的是我妈妈，戴白色太阳帽和黑色太阳镜的是我表哥，站在我后面头发长长的那个是我表姐。

★ "我"站在表姐的后面。

3. 小丽，穿得这么正式！是不是要去约会？难怪最近总见不到你的人影儿，原来一到周末就去约会！

★ 小丽穿得很正式，她要去约会。

4. 游客们，明天的安排是这样的：早上八点在宾馆门前集合，八点半出发，九点钟将准时到达目的地。

★ 明天早上九点半从宾馆门前出发。

5. 亲爱的小敏，5月份我不能来中国看你了。因为办理签证时出了一点儿问题，我必须推迟半年才能过来，真的很抱歉。

★ "我" 11月份才能来中国看小敏。

6. 我们家小五太不像话了，广告上说什么好就要买什么。你看，又要我给他买一新款照相机，7000多块呢！这广告真是害人！

★ 小五受广告的影响很大。

7. 护士小姐，我吃的是什么药啊？为什么吃了之后没一点儿效果？麻烦你跟大夫说说，我不吃药了，我要打针！

★ 吃药的效果比打针要好很多。

8. 要买便宜货，请从这里过！各位亲朋好友，本店打折啦，一件十元，十元一件。二十件以上打六五折！

★ 买三十件需要花195块钱。

9. 19280278468是我原来的QQ号，因为中了病毒，不能用了，所以我重新申请了一个，新号是91868428027。

★ 91868428027 这个QQ号中了病毒。

10. 上海，位于长江入海口，是中国第一大城市，也是中国的经济、贸易和航运中心。2010年世博会就是在上海举办的。

★ 上海是中国的经济、贸易和政治、航运中心。

第二部分

一共 15 个题，每题听一遍。

例如：女：快点儿走吧，马上要上课了！
男：没关系的，现在是两点半上课，还有半个小时呢！
问：现在是什么时间？

现在开始第 11 题：

11．男：小芳，我一发工资就给你买台洗衣机。洗衣服方便了，你就能轻松轻松了。
女：就知道你最疼我了。
问：根据对话我们可以知道什么？

12．女：我要加班，不能去接小丽放学了。（停了几秒钟，突然想起）对了，她的班主任还说想见见家长，你可别忘了！
男：加班，接孩子，见老师，事还真多！
问：他们是什么关系？

13．男：丽莎，听说你是个"中国通"，给我介绍一下中国的长城和长江吧！
女：长城在中国的河北省，是一道长长的墙，长江是中国第二大长河，世界第三大长河。
问：下面哪项是正确的？

14．女：你就不能把电视机的声音调低一点儿吗？小风明天要参加高考，你是不是不想让他休息了？
男：好好好，我这就把电视机关了。
问：根据对话我们可以知道什么？

15．男：的士费30，电影票105，零食35，烛光晚餐135，约会一天花得还真不少！
女：瞧你那点儿出息！
问：女的是什么意思？

16．女：快点儿！快点儿！开车时间就要到了，再不走就来不及了！
男：慌什么呀！去得早不如赶得巧！

问：男的是什么意思？

17. 男：你要去旅游，我要去出差，孩子怎么办？总得想个办法吧！

　　女：我不管。

　　问：下面哪项是不正确的？

18. 女：大华，你的专业不是翻译学吗？怎么连这么简单的句子都翻译不了？

　　男：我学的是汉法翻译学，又不是汉日翻译学！

　　问：根据对话我们知道了什么？

19. 男：我需要发一份传真，请问谁负责这些事情？

　　女：哦，我是来找人的。

　　问：女的是什么意思？

20. 女：先生，请您给您的孩子补票。这是规定，一米五以上的儿童必须买全票。

　　男：可我的孩子才一米四九！

　　问：男的是什么意思？

21. 男：兰兰，怎么样，这部电影还可以吧？这可是今年最火的贺岁片！

　　女：你还说！早知道还不如在家听广播呢！

　　问：兰兰感觉怎么样？

22. 女：小勇，你现在不听大人的话，迟早会后悔的。你以为谁都有机会出国
　　　留学啊？

　　男：后不后悔与你无关！

　　问：关于小勇可以知道什么？

23. 男：你的专业是国际管理学？我怎么从来没听说过？

　　女：这是个新开设的专业，是专门为您这样的国际公司培养优秀的管理人
　　　才的。我相信我是最适合这个职位的面试者。

　　问：下面哪项是不正确的？

24. 女：张峰，你这个月的工资、奖金怎么就这么点儿？连给孩子买奶粉的钱
　　　都不够。

　　男：跟我说有什么用？有本事跟我们老板说去！

　　问：根据对话我们可以知道什么？

25. 男：带着雨衣和雨伞吧，天气预报说明天将会有百年不遇的特大暴雨！

    女：天气预报你也相信？

    问：女的是什么意思？

第三部分

一共 20 个题，每题听一遍。

例如：男：玛丽，你去哪里啊？

　　　女：去开会啊，不是说今天下午三点在留学生办公室开会吗？你还不去？

　　　男：是吗？我怎么不知道啊！没有人告诉我。

　　　女：现在我不是告诉你了吗？快点儿准备准备，我们一起去吧！

　　　男：太谢谢你了，幸亏遇到了你。

　　　问：今天在哪里开会？

现在开始第 26 题：

26. 女：请问这是王经理的办公室吗？我是远方食品公司的小李，我们老板让
    我来找他。

    男：王经理刚刚开会去了，你得等一会儿。

    女：好的。（停了一下又问）刚才从这里走出去的那位高高瘦瘦、戴茶色
    眼镜的中年人是不是王经理？

    男：不是，那是我们的办公室主任。王经理是他旁边高高胖胖、穿白色上
    衣的那位。

    女：好的，我明白了，谢谢你！

    问：关于王经理，下面哪项是正确的？

27. 男：现在都几点了，路上还这么堵，回公司开会又得迟到了。

    女：急什么呀，现在不是才十点吗？还有一个小时呢。

    男：你知道什么，这只手表坏了，慢了半个钟头。现在已经十点半了。

    女：老张，你有所不知，你那宝贝儿子，别的没学会，就学会了修表，早

就把这玩意儿修好了。

男：哦，这小子还真有两下子！

问：他们是在哪里？

28. 女：是李老板吗？我是为民律师事务所的老蔡。

男：我是老李，蔡律师需要点儿什么？

女：我要一盒蛋糕，一束玫瑰，下午三点钟之前务必送到事务所。

男：好的，下午三点之前一定给您送过去！（停了一下）您今天生日？

女：是我儿媳妇。她和我们家小宝今天从香港飞回武汉。我和小宝他爸三点钟出发去机场接他们。

问：今天是谁的生日？

29. 男：这双鞋看起来真不错，配我的西装挺合适的。

女：确实挺合适的，要不咱们买一双吧。

男：（看看价钱）算啦，太贵了。

女：现在换季，应该会打折的，不会很贵，还是买一双吧。况且马上就要毕业找工作了，总得有双像样儿的鞋。

男：也是，要不咱们进去看看，要是打折就买。

问：男的担心什么？

30. 女：小朱，你妈身体好些了没？

男：还是老样子。医生说先观察一阵子，不行的话，还得做手术。

女：那就做吧，免得越拖越严重。

男：你以为我不想啊，关键是钱在哪里！

问：小朱是什么意思？

31. 男：姐，我找到工作了，这下你不用再为我担心了。

女：真的？在哪儿？快告诉我。

男：在北京，一家生产电子产品的公司。

女：北京？离家这么远！还是别去了。

男：姐，你真是的，现在交通这么方便，坐飞机几个小时就到家了。

女：坐飞机，坐飞机，你那点儿工资够坐几回飞机！

问：姐姐是什么意思？

32. 女：师傅，麻烦你在前面那个十字路口停一下。

　　男：没问题。（刹车）到了，小姐。（递过的士收费单）一共 36 块钱。

　　女：我天天从公司打的回家，每天都是 24 块，今天怎么多了 12 块。

　　男：小姐，这是公司新规定，从今天起六块钱一公里，您如果有问题可以
　　　　打电话向我们公司咨询。

　　问：原来多少钱一公里？

33. 男：小丽家这几天怎么没人啊？是不是出去旅游了？

　　女：不是去旅游了，是搬走了。他们家老李调到上海工作，一家人都搬到
　　　　那边去了。

　　男：要走怎么也不告诉邻居们一声，真不够意思！

　　女：大家都知道了，就你前几天出差了才不知道的。

　　问：男的为什么不知道小丽家搬走了？

34. 女：你给我挑一条两斤重的鱼，再来八个咸鸭蛋，三根黄瓜。黄瓜要细的、
　　　　嫩的。

　　男：好的，您稍等。

　　女：一共多少钱？

　　男：鱼 8 块 1 斤；八个咸鸭蛋两斤，3 块 4 一斤；三根黄瓜一斤半，一斤 2 块。

　　问：女的要给男的多少钱？

35. 男：你们家小军准备报什么专业呀？

　　女：这个随便他，他对什么专业感兴趣就报什么。

　　男：这可不行。选专业比选学校更重要。我们家小敏准备报法律专业，毕
　　　　了业当律师，工作轻松又能赚钱。

　　女：还是随孩子吧，我们尊重孩子的选择。

　　问：女的是什么意思？

第 36 到 37 题是根据下面一段话：

　　这次高考我之所以能够取得全县第一名的好成绩，是因为有爸爸妈妈的支持和
鼓励。记得有一次模拟考试我考得很糟糕，好几天都不敢告诉他们。他们知道后，
耐心地安慰我说，一次考不好并不能说明什么。关键是要学会坚持，笑到最后的才

是笑得最好的。正是由于他们的鼓励给了我信心，我才能在高考中取得成功。

36．"我"为什么能在高考中取得成功？

37．爸爸妈妈让"我"懂得了一个什么道理？

第 38 到 39 题是根据下面一段话：

这是我们公司最近研制的新一代照相机，不仅外形美观，而且功能齐全。为答谢广大顾客对本公司的厚爱，本公司决定在该产品投入市场的头一个月实行全面优惠。凡在当月过生日的顾客，持本人身份证可享受该产品最低价，只需 4888 元就能拿走一台；凡在当月结婚的顾客，则可享受 7.5 折优惠。

38．凡在当月过生日的顾客，拿什么才能享受最低价？

39．如果这款产品的价格是 10800 元，一对当月结婚的夫妻购买它需要花多少钱？

第 40 到 41 题是根据下面一段话：

小燕，快告诉妈，你对范医生究竟满意不满意。我可把话说在前面，你爸和我都很满意。范医生比你大三岁，年龄合适；一个月工资 8 千多，比你整整多三千；在国外留过学，学历也比你高，工作五年了，比你更成熟，更懂事，父母是教师，家庭背景也不错。小燕，不能再挑了，你已经 28 了，耽误不起啊！

40．范医生多大年龄了？

41．小燕一个月工资有多少？

第 42 到 43 题是根据下面一段话：

泰山，位于山东省泰安市，海拔 1532.7 米。有"天下第一山"的美称。泰山风景优美，最著名的景观是泰山日出，每年都吸引无数中外游客来此旅游观光。许多名人都在泰山留下过足迹，如春秋战国时期著名思想家孔子、唐代著名诗人杜甫、现代著名演员赵丹等。如果您想来泰山游玩，请联系我们旅行社，联系电话 039—5349912087。

42．根据短文，我们可以知道这是一则什么？

43．根据短文，下面谁没有去过泰山？

第 44 到 45 题是根据下面一段话：

　　这几天我特别倒霉，几次都被大雨淋成"落汤鸡"。一次是星期三晚上，在上完晚自习回宿舍的路上，突然下起了大雨，没带雨伞，只好被淋；另一次是周五早上去教室，走到半路遇上倾盆大雨，来不及回宿舍拿伞;再一次是周末坐公交车回家，前脚刚下车，就赶上了暴雨，不得不一路狂跑回家，衣服都湿透了。看来，老天爷一点儿都不可怜我！

　　44．什么是"落汤鸡"？

　　45．根据短文，下面哪项是正确的？

听力考试现在结束。

新汉语水平考试 HSK（四级）模拟试卷③答案详解

一、听力

第一部分

1. 【答案】×。

【解析】从说话人的反问语气可以知道他认为一日三餐只喝果汁是不可能达到减肥目的的。此外，从最后一句"就你这么相信！"的说话语气中也可以推断，一日三餐只喝果汁并不能减肥。

2. 【答案】×。

【解析】最后一句话是解题的关键。做此类题目时，考生可以在听前快速浏览试卷上的句子，抓住关键词，再与听力材料中的内容进行对照，就能得出正确答案。本题的关键词是"我""表姐"和方位词"后面"。听力材料中说"站在我后面头发长长的那个是我表姐"，可知是"表姐"站在"我"的后面，不是"我"站在"表姐"的后面。

3. 【答案】√。

【解析】因果关系题，考查"难怪……，原来……"的用法。这两个词常用于因果关系的复句中，"难怪"用于说明现象的小句中，"原来"用于表示原因的小句中。此题的关键句是最后一句"原来一到周末就去约会！"

4. 【答案】×。

【解析】考查时间。听力材料中说八点集合，八点半出发，不是九点半出发。考查时间的题一般比较简单，考生在做题时只要集中注意力，听清楚与时间相关的关键词，就能得出答案。

5. 【答案】√。

【解析】与第 4 题类似,听力材料中的"5 月份""推迟""半年"是解题的关键词,"我"计划 5 月份来中国看小敏,但是现在要推迟半年,那就是 11 月份才能来中国。

6.【答案】√。

　　【解析】第一句话是解题关键。材料中第一句话说"广告上说什么好就要买什么",这就说明小五受广告的影响很大。做此类题目要注意抓听与题目内容相关的关键句,通过理解关键句的句义进行判断。

7.【答案】×。

　　【解析】本题考查比较句。听力材料中"我"因为吃了药之后感觉没有什么效果,于是提出"我不吃药了,我要打针!",可见"我"觉得打针的效果比吃药要好,可是题目中的句子却说"吃药的效果比打针要好很多",显然不一致。

8.【答案】√。

　　【解析】本题考查数字计算。一件十元,二十件以上打六五折,那么买三十件,就是 $10 \times 30 \times 65\% = 195$（元）。完成此类题目需要听清与数字相关的条件,通过简单的计算得到答案。

9.【答案】×。

　　【解析】本题考查对数字的辨别和听记能力。听力材料中提到原来的 QQ 号,即 19280278468 中了病毒不能使用,所以重新申请了新号。91868428027 不是原来的号,而是新号。完成此类题目一定要注意听记与数字相关的信息,以便识别。

10.【答案】×。

　　【解析】本题考查动词后面的宾语。这类题目里的动词后面往往有若干个宾语,题目中的句子则往往会在表述时在听力材料的基础上多说一项或者少说一项,以考查考生对材料内容中具体细节的把握。听力材料中说上海是中国的经济、贸易和航运中心,但没有提到政治中心。考生做此类题目时,要集中注意力,根据题目需要抓住一些具体的、比较细小却很重要的信息,从而得出答案。

第二部分

11. 【答案】D。

【解析】听力第二部分主要是对考生日常口语交际能力的考查。该部分听力材料一般比较简短，信息量小，所提问题大多只涉及表层理解。因此，听前快速浏览选项，有针对性地去听，抓住相关信息，进行简单分析，就能得出正确答案。本题要求考生归纳对话的意思。男的心疼女的，想发了工资后给女的买台洗衣机，说明对话中的两人相亲相爱。选项 B 是无关选项，男的喜不喜欢洗衣服仅从对话无法得知。选项 C 是干扰项，因为对话没有提及洗衣机的价格。根据对话可知小芳心里很高兴，因此排除选项 A，选项 D 正确。

12. 【答案】D。

【解析】考查人物关系。本题关键信息是"接孩子"和"见老师"。女的告诉男的自己要加班不能去接孩子放学，要男的去，并说孩子老师要见家长，从对话双方说话的内容、语气和方式可以判定，他们之间的关系最可能就是夫妻。选项 D 是正确答案。

13. 【答案】D。

【解析】考查考生对材料内容的综合理解。对话是一则笑话，女的是所谓的"中国通"却缺乏对中国地理知识最基本的了解，可见她并不了解中国的情况。完成此类题目有一定难度，它要求考生不仅有一定的语言知识，而且需要根据听力材料，结合日常积累的文化知识进行判断。长城是中国古代的军事性防御工程，跨越了中国北方多个省市，而不是一道简单的长墙；长江是中国第一长河，世界第三长河。

14. 【答案】C。

【解析】考查人物态度。此类题目要求考生通过说话人的语气、语调总结出说话者的心情、态度等情绪反应及态度表现。本题中女的接连使用两个反问句来表达自己强烈的不满，语气激烈，选项 C 是正确答案。

15. 【答案】C。

【解析】考查考生的综合理解能力。此类题需要考生将听到的对话内容与说话人的语气等因素结合起来。这类题目常以男女约会为场景，内容可能是男的约会迟到后还强加解释为自己辩解从而引起女的不满；或是女的对男的所提的约会方案不满以致两人关系僵持；或是男的表现小气，如花钱不痛快等引起女的不满。本题是男的计算约会一天的花销并抱怨花钱太多而引起女的的不屑。"瞧你那点儿出息！"，说话语气表明女的对男的不满，觉得男的没有出息，所以选项 C 是正确答案。

16. 【答案】D。

【解析】与第 15 题类似。说话语气和方式是解题的关键。对话中女的十分着急，担心时间来不及，而男的却说"慌什么呀！"说明他觉得没必要着急，紧接着他又说"去得早不如赶得巧！"则进一步说明男的觉得去早了是没有必要的。

17. 【答案】C。

【解析】考查逻辑推理能力。一般考题通常是问"下面哪项是正确的？"而本题问的却是"下面哪项是不正确的？"此时考生就需要对四个选项中的三项进行验证，而不能只注意其中某一选项内容与对话材料中的某一细节相似而匆忙作答。本题对话中提到男的要去出差，女的要去旅游，孩子没人管，这三点分别与选项 ABD 内容一致，选项 C 是正确答案。

18. 【答案】D。

【解析】考查人物信息，一般考查人物的身份、职业（专业）、性格、态度等。对话中女的责备男的"连这么简单的句子都翻译不了"，男的解释说自己学的专业是汉法翻译，而不是汉日翻译，由此可知男的懂汉语与法语，而不懂日语。解答此类题目时抓听细节进行分析非常重要。

19. 【答案】A。

【解析】逻辑推理题。本题对话听起来似乎是答非所问，即从表面上看回答与问题不相干，但实际上说话人回答了问话人的问题，因此，解答此类题目需要进行简单的推理。本题男的问女的谁负责发传真的事情，女的回答说"我是来找人的"，说明她并不是工作人员，所以不清楚，选项 A 是正确答案。

20. 【答案】D。

【解析】考查考生的综合理解能力。副词"才"可以表示数量少、程度低，相当于"只"。本题对话中乘务员要求爸爸给孩子补全票，因为按规定，一米五以上的儿童必须买全票，而爸爸却理直气壮地说"我的孩子才一米四九"，言下之意就是他的孩子不到一米五不应该补票，选项 D 是正确答案。

21.【答案】D。

【解析】通过比较句考查人物态度。此类题目要求考生根据材料内容对比较结果作出判断。本题是男女双方看电影，男的认为电影很不错，极力推荐，可是根据关键句"早知道还不如在家听广播呢！"可以判断女的觉得电影并不怎么样。此外，本题还可以根据女的的说话语气进行判断，"你还说！"说明女的并不赞同男的的看法。

22.【答案】D。

【解析】根据对话可知两人应该是母子关系，妈妈通过反问句"你以为谁都有机会出国留学啊？"告诉儿子应该抓住出国留学的机会，否则将来会后悔的，因为并不是每个人都有机会出国留学，可是儿子回答说后不后悔与妈妈无关，说明儿子并不想出国留学，所以选项D是正确答案。这类题目可能常常选取父母与孩子的冲突为题材。考生在做题时对听力材料内容有所预测将有助于考生解题。

23.【答案】C。

【解析】有关面试的题是新HSK（四级）听力考试中常考的题目。内容一般包括询问面试时应注意的事项、面试现场的对话或面试前的准备等。本题是面试现场的对话，完成此题考生要仔细听清问题，并对四个选项逐一进行验证，不能只抓听某一细节而匆忙作答。通过本题对话中提到的"我怎么从来没听说过？""新开设的专业""最适合"可排除选项ABD，选项C是正确答案。

24.【答案】A。

【解析】逻辑推理题。有关家庭生活的推理题一般以家庭日常生活为题材，常见内容有丈夫加班晚归，妻子生气；丈夫工资不高，妻子拿他与别人的丈夫比，惹得丈夫生气；在孩子的教育问题、抚养问题上夫妻间出现分歧而争吵等。材料大意是妻子对丈夫的工资很不满意，丈夫通过反问句强调说工资的高低与他无关，妻子不应该跟他吵，要吵也应该去找他的老板。正确答案是选项A。

25.【答案】C。

【解析】考查人物态度。女的用反问语气说男的居然相信天气预报，说明她认为天气预报并不可信，选项C是正确答案。

第三部分

26. 【答案】D。

    【解析】听力第三部分前 10 题的题目形式和所涉及的内容与第二部分相似，只是增加了内容长度和难度，要求考生能够从众多信息中找出所需信息，作出正确判断。本题考查与人物有关的信息。对话中女的问王经理是不是高高瘦瘦、戴茶色眼镜，男的纠正说王经理高高胖胖、穿白色上衣。男的说的话是解题关键，因此考生在听的过程中一定要仔细辨析对话内容，抓住关键信息，否则，很可能作出错误判断。

27. 【答案】A。

    【解析】地点考查题。男的说路上很堵，回公司又要迟到了，说明他们并没有回到公司，还在回公司的路上，选项 A 是正确答案。

28. 【答案】B。

    【解析】考查人物与事件的对应关系。蔡律师要求蛋糕店老板给律师事务所送一盒蛋糕，老板问是不是蔡律师过生日，蔡律师说不是自己过生日，是自己的儿媳妇过生日。人物与事件的对应关系也是新 HSK（四级）听力考试的常考内容。

29. 【答案】C。

    【解析】本题的主题是购物。购物主题一般与价格、服务有关，内容可能是价格太贵，顾客不愿意买；或服务质量、服务态度不好，顾客不满意等。本题是商品价格太贵，男的担心自己买不起。

30. 【答案】D。

    【解析】本题是医疗主题，这是日常生活中的常见主题，也是必考主题。听力材料内容可能是病重无法医治或能治却没有足够的钱医治。本题解题的关键是最后一句话"关键是钱在哪里！"说明他没有钱给妈妈做手术，选项 D 是正确答案。

31. 【答案】B。

    【解析】弟弟在北京找到了工作，姐姐却不满意，因为离家太远了。弟弟乐观地安慰姐姐，距离远没关系，可以坐飞机。姐姐则担心弟弟的工资不会很高，不够坐飞机的开销，选项 B 是正确答案。

32. 【答案】D。

　　【解析】数字计算题。本题的话题是打车费，现在打车费涨价了，而乘客不知道。根据对话，男的说现在六块钱一公里，女的花了 36 块钱，得出从女的公司到她家之间距离是六公里。以前女的回家只花 24 块钱，24÷6=4（元），选项 D 是正确答案。

33. 【答案】D。

　　【解析】因果关系考查题。小丽家搬走了，男的却不知道，因为他出差了。因果关系题的答案常常出现在对话的最后一句话，考生在做此类题时要沉住气，听完对话再作答。

34. 【答案】B。

　　【解析】简单计算题。考查考生听懂关键信息并进行简单计算的能力。女的买了两斤鱼，一斤 8 块钱，8×2=16；八个咸鸭蛋两斤，一斤 3 块 4，3.4×2=6.8；三根黄瓜一斤半，一斤 2 块，2×1.5=3。16+6.8+3=25.8（元）。

35. 【答案】C。

　　【解析】逻辑推理题。女的最后一句话"我们尊重孩子的选择"是解题的关键句，选项 C 是正确答案。

36. 【答案】A。

　　【解析】短文类似于获奖感言，内容一般是叙述自己成功、获奖的原因并对帮助自己的人表示感激。短文中说话人说自己能在高考中取得成功是因为爸爸妈妈的支持、鼓励，选项 A 是正确答案。

37. 【答案】D。

　　【解析】短文主旨题。这类题往往需要考生提取短文中的某个道理。短文中说"关键是要学会坚持，笑到最后的才是笑得最好的"，说明爸爸妈妈认为坚持到底才能成功，选项 D 是正确答案。

38. 【答案】C。

　　【解析】广告、广播、通知类题材是新 HSK（四级）听力短文常用的题材，内容一般是介绍新产品或推广新服务，以达到促销或广而告之的目的。通过短文可知，在当月过生日的顾客，拿着身份证才能享受最低价。

39.【答案】B。

【解析】本题是道计算题，短文中说在当月结婚的顾客可享受 7.5 折优惠，10800×0.75=8100（元）。

40.【答案】D。

【解析】婚姻话题。短文内容表现出了父母对大龄女儿婚姻的担忧。中国的年轻人现在承受很大的压力，其中之一就是婚姻压力。短文中没有直接给出范医生的年龄，但小燕 28 岁，他比小燕大 3 岁，28+3=31（岁）。

41.【答案】A。

【解析】范医生一个月工资 8 千多，比小燕整整多三千，"整整"是一个关键信息，说明小燕的工资是 5 千多。

42.【答案】C。

【解析】考查考生的汉语文体知识。本文最后一句是解题的关键，"如果您想来泰山游玩，请联系我们旅行社"，可知这是旅行社的一则广告。

43.【答案】B。

【解析】细节题。考生做题前应把四个选项快速浏览一遍，听的过程中一一对应就能发现短文中提到了孔子、杜甫、赵丹，没有提到老子，选项 B 是正确答案。

44.【答案】C。

【解析】本文是一则简短叙述文。"落汤鸡"形容人在下雨时全身被淋湿的样子，选项 C 是正确答案。考生在平时学习的过程中要多对汉语的俗语进行整理记忆并且运用。本题考查的就是考生对俗语的理解能力。

45.【答案】B。

【解析】细节题。考生需要对选项中的内容与短文中的内容进行对应才能得出答案。周末我是在回家的路上而不是去学校的路上被雨淋了。而且我刚从公交车上下来，就下起了大雨，并非到家门口才下雨。选项 B 是正确答案。

二、阅读

第一部分

46. 【答案】E。

【解析】词义搭配法。动词"遍"表示全部、都。后面常加单音节名词。如"遍地""遍身""遍体""遍野"等。据词义可知，应是"遍地"。

47. 【答案】A。

【解析】语境分析法。句子中"否则"之后的小句出现了"没有资格"，那么前半句中应该出现与之相对的内容，"允许"表示"（获得）许可、批准"，常与"得到"搭配，所以应是"得到相关部门的允许"。

48. 【答案】D。

【解析】成分搭配法。该句中"光"是副词，"员工"是名词，副词与名词之间可插入动词、形容词。根据语义，此处需要一个修饰成分（形容词），而不是一个支配成分（动词）。因此，应为"正式员工"。

49. 【答案】C。

【解析】词义搭配法。固定搭配"注意事项"，即需要注意的事情。

50. 【答案】B。

【解析】词义搭配法。考查俗语与惯用语。汉语中有"鬼主意、鬼点子"的说法，表示"巧妙或古怪的想法"。

51. 【答案】E。

【解析】成分搭配法、语境分析法。根据对话，此处缺少谓语成分，需要动词。再根据语境可知，周末单位的员工不用去上班，但单位要把员工集合在一起去看电影。动词"组织"表示"将分散的事物集中起来安排"，这一含义与文意相符，所以选择"组织"。

52. 【答案】D。

【解析】成分搭配法、语境分析法。此处缺少动词，根据语境可知，"他"与"全

213

体员工"之间的关系只能是"代表"的关系，"代表"表示"代替个体或集体维护利益、表达意见"。题中王萍的丈夫，要代表公司员工参加会议。

53. 【答案】A。

【解析】语境分析法。该题中出现了"大家一齐举起酒杯"，而且是在晚会上，当然是要"干杯"。

54. 【答案】B。

【解析】成分分析法。该题中动词"找"是谓语，前面缺少状语成分来修饰，动词前面的修饰成分往往是副词或形容词。只有"随便"符合句义，表示"不多考虑、不慎重"。题目中王总批评下属将重要的任务不加思考地交给别人，"随便"正合此意。

55. 【答案】C。

【解析】语义搭配法。考查考生对成语、惯用语的掌握。"清澈见底"表示河流、湖泊等清澈透明，一眼可以看到底。

第二部分

56. 【答案】B C A。

【解析】短语固定法、关联词搭配法。"……，有的……，有的……"。"有的"用来分别述说整体中各个部分的情况。高考过后，有人考得好，有人考得差，因为结果不同，反应各异。C 句中，有关联词"则"表对比，说明该句前面必有一句。而 A 句中有表示"递进、进一步说明"的关联词"更"，据此，正确的排列顺序是B C A。

57. 【答案】C B A。

【解析】提问法、时间词确定法。运用提问法可知，该题中 A 句和 B 句都缺少主语，那么 A 句和 B 句都不能作为第一句。所以 C 句应该是第一句，引出话题"六月的天"。B 句中的"刚刚"与 A 句中的"转眼"都是表时间的词，根据事物发生的时间顺序，B 句应排在 A 句之前。"六月的天是娃娃的脸"是中国的一句与天气有关的谚语，说的是六月天气变化多端。

58.【答案】ＢＡＣ。

【解析】时间词确定法、关联词搭配法。该题中的Ｂ句出现了时间词"几千年前"，句首出现时间词的句子一般位于段首，所以Ｂ句是第一句。根据关联词"不仅仅……，更……"所引导的句子的内部语序Ａ句应排在Ｃ句之前。

59.【答案】ＡＣＢ。

【解析】关联词搭配法。Ｂ句中出现了表结果的关联词"因此"，Ｃ句中出现了表转折的关联词"而"，所以Ｂ句和Ｃ句都不能作第一句。Ｂ句中出现有总结意味的关联词"因此"，应为最后一句。Ａ句和Ｃ句是对婴儿体内所含水分与成人体内所含水分的对比，Ｃ句中有表示承接关系的"而"，应排在Ａ句之后。

60.【答案】ＡＣＢ。

【解析】关联词搭配法。该题中Ａ句引出话题，可以作第一句。"无论……，还是……，都……"是条件状语从句，表示在任何条件下都会产生同样的结果，据此可知Ｃ句应在Ｂ句之前。

61.【答案】ＣＡＢ。

【解析】提问法、时间词确定法。运用提问法可知，Ａ句中缺少主语，所以不能作第一句。Ｂ句中"直到……"和Ｃ句中"自古"表时间，根据时间的先后顺序，Ｂ句应在Ｃ句之后。Ａ句中"天是圆的，地是方的"是对Ｃ句中的"天圆地方"的具体说明，所以Ａ句应在Ｃ句与Ｂ句之间。

62.【答案】ＢＣＡ。

【解析】提问法。Ｃ句中缺少主语，Ｂ句中的"世界博览会"正好充当Ｃ句的主语，所以Ｃ句应在Ｂ句之后。Ａ句对"世博会"进行了进一步的说明，应排在最后。这篇短文的内容属于概念介绍性题材，对"世博会"这一概念进行了简单介绍。

63.【答案】ＣＡＢ。

【解析】关联词搭配法。Ａ句中出现了表转折的关联词"而"，Ｂ句中出现了表结果的关联词"因此"，所以Ａ句和Ｂ句都不能作第一句。Ｂ句中出现有总结意义的关联词"因此"，应为最后一句。Ａ句中的"而"表转折，所以Ａ句应在Ｃ句之后。

64.【答案】ＡＣＢ。

【解析】关联词搭配法。A 句中提到了说话人，应为第一句。根据关联词"不仅……，更……"所引导的句子的内部语序，C 句应排在 B 句之前。

65.【答案】C B A。

【解析】关联词搭配法。根据关联词语"……之所以……，是因为……"，可以确定 A 句在 C 句之后。B 句中的连词"甚至"表示程度加深，进一步说明，主语仍然应该是 C 句中的"巧克力"，所以 B 句应该在 C 句和 A 句之间。

第三部分

66.【答案】B。

【解析】主旨题。本题需要选出一个词来概括这段话的主旨，同时也需要辨析词义。选项 ABCD 四个词语中都有"点"，其中选项 D "正点"表示"（车、船、飞机开出运行或到达）符合规定时间"可以排除。"优点"与"缺点"是一对反义词，分别表示"好处"和"坏处"，与题意不符。短文第一句话即说"大学校长的工作意义重大"，紧接着对其责任进行了详细说明，所以短文主要说了大学校长的工作重点，选项 B 是正确答案。

67.【答案】A。

【解析】细节题。短文对比了过去与现在人们对感冒的不同反应。选项 BCD 根据原文可以排除，选项 A 是正确答案。

68.【答案】B。

【解析】细节题。根据短文，他们结婚三年了，选项 A 直接排除。谈恋爱时他们感情很好，排除选项 C。现在两人几乎没有共同语言，甚至到了要离婚的地步，排除选项 D。以前日子很甜蜜，现在快要离婚了，说明"现在感情不如以前"，所以选项 B 正确。

69.【答案】D。

【解析】细节题。"长大后，我发现人生好像数学中的加减乘除"，而不是小时候就知道了，所以选项 A 是错误的。"当我们爱别人时，要用加法；……当我们感谢别人时，要用乘法"，所以选项 B、C 也是错误的。短文最后一句话说"当我们排解烦恼的时候，要用除法"，所以选项 D 是正确的。

70.【答案】B。

【解析】细节题。故宫于 1420 年建成，到目前为止，有近六百年历史，而非"整整六百年"，所以选项 A 是错误的。有 24 位皇帝在故宫生活过，而非里面生活着 24 位皇帝，所以选项 C 也是错误的。故宫是世界上现存的最大的木质结构古建筑群，而非现存最大的古建筑群，所以选项 D 也是错误的。

71.【答案】B。

【解析】细节题。比赛中的第一名就是冠军，选项 A 正确。李娜的家人为她的成功感到骄傲，说明他们很高兴，选项 C 正确。由最后一句"她无时无刻不在期待这一激动人心的时刻"可知，比赛前，李娜期待着自己的成功，选项 D 正确。"她的家人万分激动，他们为李娜感到无比骄傲"，而不是李娜自己骄傲，而且"为……感到的骄傲"中的"骄傲"表示"自豪"，"骄傲的人"里的"骄傲"表示"自以为了不起，看不起别人"，所以选项 B 是错误的。

72.【答案】C。

【解析】对人物进行总体评价。王晓东取得好成绩后开始骄傲自满，说明他没有继续努力学习，选项 A 和选项 D 是错误的。"在后来的考试中，晓东考得一塌糊涂"，说明晓东的成绩不是一直全校第一，选项 B 是错误的。王晓东在考试中获得全校第一，说明他聪明能干，但是很快他就骄傲自满，选项 C 对王晓东进行了全面评价，是正确答案。

73.【答案】C。

【解析】细节题。"警察像猫一样机警"，选项 A 是正确的。"为了保护人民大众的安全，警察不停地与小偷作斗争"，说明小偷威胁到了人们的安全，所以选项 B 是正确的。"小偷如老鼠一样贪婪"，选项 D 也是正确的。猫保护主人家的粮食，而非警察保护主人家的粮食，选项 C 是错误的。

74.【答案】B。

【解析】考查考生对短文内容的理解和细节的把握。短文中只提到了"草原上马儿快乐地奔跑"，并没有提到"牛羊"，根据短文无法得知选项 A 中所述的内容，所以它是无关选项，起干扰作用。"我们全家打算去内蒙古大草原旅游"，并非我一个人去，所以选项 C 错误。短文中提到了草原上美丽的景色，"我"还打算去那里旅游，可见"我"很喜欢内蒙古大草原，所以选项 D 也是不正确的。短文中提到了"美丽的画面""美丽神奇的地方"，可以得出"内蒙古大草原风景迷人"，选项 B 是正确的。

75. 【答案】D。

【解析】细节题。本题中的"母亲"是个下岗女工，说明她并不富有，选项 A 是错误的。她的孩子都是孤儿，不是她所生，所以选项 B 也是错误的。短文中并没有提到"孩子们不懂得感恩"，选项 C 也是错误的。作为下岗女工，抚养十多个孤儿，不求回报，可见她是个伟大的母亲，选项 D 正确。

76. 【答案】B。

【解析】考查考生对俗语、惯用语的掌握。短文中"不是夸别人办事能力强，就是说别人人脉广"，就是给别人"戴高帽"，也就是说一些赞美奉承别人的漂亮话，所以选项 B 是正确的。

77. 【答案】D。

【解析】细节题。"顺便"与"专门、特意"相对，选项 A 是错误的。"我"迷路了，只好问路，结果一个北京人送"我"到了长城脚下，所以选项 B 和选项 C 都是错误的。中国的首都是北京，"首都人民"指的就是北京人，所以选项 D 是正确的。

78. 【答案】C。

【解析】细节题。汉语颜色词的特殊意义。"黄"可以表示黄色，也可指一件事情办不成，失败了。由此可知"买卖没做成"，所以选项 C 是正确的。汉语中的一些颜色词具有很多特殊意义，如"红脸""白脸""绿帽子""开绿灯""黑心"等词中的颜色词都具有深刻的文化含义，需要考生在平时学习中多多积累。

79. 【答案】C。

【解析】细节题。"中国国家主席习近平赴美访问"，说明是中国国家主席到美国去，而非美国总统到中国来，所以选项 A 是错误的。这是习近平就任中国国家主席后首次访问美国而不是第一次访问美国，所以选项 B 也是错误的。2013 年 6 月是习近平访问美国的时间，而不是就任国家主席的时间，所以选项 D 也是错误的。短文中说中美两国领导人就政治、经济、文化等方面的合作进行了交流，所以选项

C 是正确的。

80. **【答案】** D。

　　【解析】 细节题。这是一篇介绍中国文化习俗的文章。古代中国，人际交往有各种礼仪，中国人自古就有"尚左"的思想，因此"以左为尊"。这种思想体现在社会生活的各个方面，如男女位置，"男左女右"体现了"男尊女卑"。所以，根据短文，男女出行，男应行左，女应行右，选项 D 是正确的。

81. **【答案】** B。

　　【解析】 细节题。现代中国人沿袭了古代的思想，在安排会议座位时也"以左为尊"，会议的座位按照领导的级别来安排，并不是按照男女性别来安排，也就是说领导坐在左边，下级坐在右边，选项 B 是正确的。

82. **【答案】** A。

　　【解析】 细节题。孟子曾说过："富贵不能淫，贫贱不能移，威武不能屈，此之谓大丈夫也！"这篇短文就是对孟子所说的话的阐释。同时符合孟子所说的三个标准，才能称之为"大丈夫"，所以选项 B 是错误的。"这三条标准至今仍为中国人所接受"，说明现在中国人还接受这一说法，所以选项 C 是错误的。这句话是孟子说的，所以是孟子的思想，而非孔子的思想，所以选项 D 也是错误的。"大丈夫"作为中国人心中男子的一种理想形象，自古就已产生，所以选项 A 是正确的。

83. **【答案】** B。

　　【解析】 细节题。"大丈夫"有三条标准：不为金钱地位所迷惑，不因生活贫困、社会地位低下改变自己的理想，不屈服于外界的武力威胁。并未提到"家境富裕，地位崇高"，所以选项 A 是错误的。"不为金钱地位所迷惑"，说明不贪恋权力和金钱，所以选项 C 也是错误的。"不因生活贫困、社会地位低下改变自己的理想"，说明即使社会地位不高，也不改变自己，也要坚持自己的理想，所以选项 D 是错误的，选项 B 是正确的。

84. **【答案】** B。

　　【解析】 主旨题。需要对短文进行主旨归纳。"怀疑精神"指有独立的思考能力、不畏惧权威，选项 B 是正确的。

85.【答案】D。

【解析】细节题。考查对俗语、惯用语的理解。"尽信书不如无书","尽信书"指的是完全相信书,这句话表示"完全相信书,缺少思考能力,不如没有书",所以选项 D 是正确的。

三、书写

第一部分

86.【答案】我恐怕不能参加网球比赛了。

【解析】控制变量法。当分不清句子的主语和宾语时,可以先确定谓语。该句中的动词"参加"可以做谓语。"参加"前的主语应该是人,所以"我"应该是主语。"参加"后的宾语应该是一项活动,所以"网球比赛"应该是宾语。"恐怕"是副词,放在谓语动词前。"不能"是助动词,也应放在谓语动词前。根据"副词+助动词+动词"的结构,可以得出短语"恐怕不能参加"。"了"用来表示事态将要发生变化,是语气助词,应放在句尾。综上所述,可以得出句子"我恐怕不能参加网球比赛了"。

87.【答案】现在还来得及申请奖学金吗? / 现在申请奖学金还来得及吗?

【解析】控制变量法。"现在"是时间副词,一般放在句首。该句中有两个动词"来得及""申请","来得及"常和其他动词或动词短语一起使用,表示做某事时间充足,它的位置较灵活,常用的搭配有"来得及做……"和"做……来得及"两种,所以可以得出搭配"来得及申请……"和"申请……来得及"。谓语动词是"申请","奖学金"做"申请"的宾语,放在"申请"之后。语气助词"吗"说明该句应该是一个疑问句,"吗"应放在句末,标点应为"?"。由此可以得出句子"现在还来得及申请奖学金吗?"和"现在申请奖学金还来得及吗?"

88.【答案】多年的留学生活让我积累了不少经验。

【解析】句式套用法、标志词确定法。"的"字后面跟名词,可以得出短语"多年的留学生活"。该句中出现了标志词"让"，可以考虑使用兼语句的句式。兼语句的基本结构是"主语＋谓语₁＋兼语＋谓语₂＋宾语"，在本题中，"让"充当"谓语₁"，"我"充当"兼语"，"多年的留学生活"充当"主语"，"积累"充当"谓语₂"，"不少经验"可以做"积累"的"宾语"。综上所述，可以得出句子"多年的留学生活让我积累了不少经验"。

当题目中出现"叫"或"让"时，可能是兼语句，也可能是被动句。如果是被动句，那么句中动词一定是可支配、影响主语的及物动词，因此句子一般可转换成主动句。如不能转换，则是兼语句。或者也可以用"被"来替换句中的"叫／让"，如替换后，句义不发生改变，就是被动句；如句义不通，则是兼语句。

89.【答案】这瓶减肥药根本不起作用。

【解析】语序确定法。根据量词和名词的搭配，我们可以得出组合"这瓶减肥药"。"根本"是副词，表示"始终，完全"，常和否定副词"不／没"一起使用，可以得出搭配"根本不起"，"作用"做"起"的宾语。根据汉语的基本语序"定语＋主语＋状语＋谓语＋宾语"，可以得出句子"这瓶减肥药根本不起作用"。

90.【答案】武汉的夏天一天比一天热。

【解析】语序确定法、标志词确定法。"的"后面要跟名词，得出搭配"武汉的夏天"。根据汉语中的特殊比较句式"主语＋一＋量＋比＋一＋量＋形容词／动词（短语）"，可以得出句子"武汉的夏天一天比一天热"。

91.【答案】人们往往不愿意接受批评。

【解析】语序确定法。"往往"是副词，表示事情经常发生。"愿意"是助动词，常用在其他动词前面，表示"同意、乐意"。根据"副词＋助动词＋动词"的结构，可以得出"往往不愿意接受"。"接受"前的主语应该是人，所以"人们"是主语。"接受"后的宾语应该是意见、建议等，所以"批评"是宾语。根据汉语的基本语序"主语＋状语＋谓语＋宾语"，可以得出句子"人们往往不愿意接受批评"。

92.【答案】从旅馆到机场需要多长时间？

【解析】语序确定法。介词"从"表示时间或地点的起点，常和表示终点的动词"到"一起使用，构成"从A到B"的固定结构，由此可以得出短语"从旅馆到机场"。"多长"后面接"时间"表示疑问，组成"多长时间"。"需要"是动词，作谓语。根据汉语的基本语序，可以得出句子"从旅馆到机场需要多长时间？"

93. 【答案】她向公司请了三天假。

【解析】语序确定法。介词"向"，表示动作的方向或对象，该句中"公司"可以作为"向"的对象，组成"向公司"。动词"请"做谓语，谓语后面的宾语是"三天假"，前面的主语应该是"她"。根据汉语的基本语序，可以得出句子"她向公司请了三天假"。

94. 【答案】姐姐的性格非常适合当律师。

【解析】标志词确定法、控制变量法。"的"后面跟名词，得出短语"姐姐的性格"。动词"适合"可以做谓语，后面接名词、动词、动词短语做宾语。"适合"前的主语应是名词性短语，"姐姐的性格"做主语。"当律师"可以做"适合"的宾语。"非常"是副词，可在句子中做状语，放在谓语前，修饰谓语。综上所述，可以得出句子"姐姐的性格非常适合当律师"。

95. 【答案】难道我们保护森林和动物不对吗？

【解析】句式套用法。该句中出现了"和"，说明应该有两个并列成分，由此得出短语"森林和动物"。"难道"用于反问句中，一般出现在句首，其基本结构是"难道＋主语＋动词＋宾语"，动词是"保护"，"保护"后的宾语是"森林和动物"。"吗"放在句末，后用"？"。综上所述，可以得出句子"难道我们保护森林和动物不对吗？"

第二部分

96. 【参考答案】这家咖啡店/餐厅的环境不错。

97. 【参考答案】我们的城市堵车很严重。

98. 【参考答案】他们在仔细地刷牙。

99. 【参考答案】我们要节约用电。

100. 【参考答案】他们常常一起散步。